农民大学生培养系列教材

农村常用应用文写作

（第二版）

主　编　　陈建民

副主编　　文智辉

参　编　　曾永胜　何秋瑛　朱彩虹　金在胜　刘新国

湖南大学出版社·长沙

内容简介

本书从农村实际出发，将新时期农村常用管理类、经营类、事务类、生活类应用文，从学习目标、案例导入、知识讲解、例文与评析、思考与实践五个版块对其概念、特点、写法、格式进行了详尽介绍。具有较强的针对性、规范性和实用性。可供农民大学生、农村基层干部和广大农民群众学习和参考。

图书在版编目（CIP）数据

农村常用应用文写作/陈建民主编，文智辉副主编．—长沙：湖南大学出版社，2016.10（2024.1重印）

（农民大学生培养系列教材）

ISBN 978-7-5667-1215-8

Ⅰ.①农…　Ⅱ.①陈…　Ⅲ.①汉语—应用文—写作　Ⅳ.①H152.3

中国版本图书馆 CIP 数据核字（2016）第 227486 号

农村常用应用文写作（第二版）

NONGCUN CHANGYONG YINGYONGWEN XIEZUO（DI-ER BAN）

主　　编：陈建民　**副 主 编：**文智辉	
丛书策划：陈建华　刘　旺	
责任编辑：刘　旺	
印　　装：长沙鸿和印务有限公司	
开　　本：710 mm×1000 mm　1/16	**印　　张：**15　**字　　数：**290 千字
版　　次：2021 年 3 月第 2 版	**印　　次：**2024 年 1 月第 8 次印刷
书　　号：ISBN 978-7-5667-1215-8	
定　　价：36.00 元	

出 版 人：李文邦
出版发行：湖南大学出版社
社　　址：湖南·长沙·岳麓山　　**邮　　编：**410082
电　　话：0731-88822559（营销部），88821691（编辑室），88821006（出版部）
传　　真：0731-88822264（总编室）
网　　址：http://press.hnu.edu.cn
电子邮箱：56181521@qq.com

总　序

务农重本，国之大纲。农业农村农民问题，始终关系"两个一百年"奋斗目标的实现，始终关系党和国家事业发展的全局。从 2004 年起，"中央一号"文件连续 13 次锁定"三农"，强调"任何时候都不能忽视农业、忘记农民、淡漠农村"，并在政策上不断给力农业产业发展，农村稳定和谐，农民生活改善。

当前，我国经济发展进入新常态，农业农村发展环境发生了重大变化，迫切需要牢固树立和深入贯彻创新、协调、绿色、开放、共享的发展理念，加快推进农业现代化。为此，党中央审时度势，提出要以强化农业供给侧结构性改革来提高农业综合效益；以"绿色发展"保护农业资源修复农村生态；以"产业融合"支撑农民增收；通过精准扶贫、精准脱贫，补齐"短板"，决胜小康；深入推进农村改革，增强农村发展内生动力；推动城乡一体化协调发展，提高新农村建设水平。

"为政之要，唯在得人。"全面落实中央关于加强"三农"工作、破解"三农"难题的决策部署和政策措施，必须大力培养农业人才，努力提高农民素质，有针对性地培育适应社会主义新农村建设需要的职业农民，形成一大批种田能手、农机作业能手、科技带头人、农产品营销人才、农业经营管理人才和农村治理人才。

作为一所借助现代信息网络和技术开展人才培养工作的新型高校，湖南广播电视大学及其办学系统自 2004 年以来一直实施"一村一名大学生培养计划"，至今累计招收农民大学生 64 000 多名，学员覆盖全省 14 个市州 80 个县市 37 556 个行政村。许多毕业学员已成为当地的"土专家"、"田秀才"和种养专业户；更有一部分"精英"学员，通过参加相关专业的学习，提高了发展二、三产业的能力和创业本领，在自己致富的同时带动乡亲们脱贫致富，成为了农村科技致富带头人；同时，许多村干部通过学习，明显提高了解决农村土地流转、环境保护、法律纠纷等方面问题的政策水平和协调能力，在农村区域经济发展和农村治理中发挥了重要作用。

为适应湖南"三农"工作的新形势,2014年,湖南省委、省政府决定拓展实施"湖南农民大学生培养计划"项目。该项目不是"一村一名大学生培养计划"的简单延续,而是在新形势下对农业人才培养方式的转型和升级,致力于为湖南社会主义新农村建设培养留得住、用得上、有文化、懂技术、会经营的农村基层党员干部和新型农村实用人才。在这一项目的实施过程中,建设一批切合农村实际、适合农民学习、满足培养目标的教材及其数字资源就显得尤为重要和迫切。

为此,湖南广播电视大学组织相关专家精心策划、编写了这套"农民大学生培养系列教材"。这一系列教材在整体框架设计上坚持实用、全面的原则,并强化了模块化、本土化和通俗性的要求。一是在培养目标的设计上,紧密结合农村的产业特点和实际需求,突出农民大学生实用技术、经营能力和管理能力的培养,注重农民创业创新能力的提升;二是在教学内容的组合上,力求根据农业农村发展的战略目标和全面提高农民素养的需要,在文法通识类、经营管理类、实用技术类三个类别上进行了合理配置;三是在教学内容的呈现形式上,采取模块化的设计,既考虑到现代远程教育教学的特点,又充分满足农民大学生自主学习、个性化学习的需求;四是在语言文字的表述上,根据农民大学生的实际,强调通俗易懂、深入浅出、条理清晰;五是在教学素材的选择上,突出湖湘文化特征、湖南农村发展实际与农业产业结构的特点,尽量选择发生在农民身边且经常遇到的素材,让农民大学生能够很好地学以致用。

这套系列教材的编写是一次探索性的尝试,问题和不足在所难免。希望广大教师和学员在教材使用过程中,对发现的问题与不足及时向我们反馈,同时也恳请专家、同行批评指正。

编　者
2016 年 10 月 18 日

前　言

　　全面建成小康社会，重点是"三农"，关键在"三农"，成效看"三农"。农民是"三农"的根本，是发展农业、建设农村的主力军。要加快新农村建设的步伐，实现农业的可持续发展，达到城乡共同繁荣，构建和谐的社会主义新农村，培养真正从农村来、到农村去，能够扎根农业，切实有效解决农村发展问题的高素质人才队伍是关键。

　　高素质人才必须具备多种能力，而写作能力是高素质人才必备能力之一。曹丕曾称文章为"经国之大业，不朽之盛事"。刘勰亦认为："章表奏议，经国之枢机。"美国未来学家约翰·奈斯比特在《大趋势——改变我们生活的十个新方向》中说道："在这个文字密集的社会，我们比以往任何时候都需要具备最基本的读写技能"。处在当今这一知识经济时代和信息社会之中，知识的传播与信息的传递都离不开写作。即便是农村，随着时代与社会的发展，随着新农村建设的不断深入，无论是农村基层干部，还是普通农村居民，应用文写作成为了他们生产、工作和生活中必不可少的手段和必备的技能。

　　本书是为了满足农村基层干部和广大农民群众在工作、生产、经营、日常生活等方面的写作需要而编写。全书共五章。第一章为概述，主要介绍农村常用应用文的特点、范围、功用，应用文写作的基本要素、写作要求以及学习应用文写作的意义与方法。第二章到第五章分别为：农村常用管理类应用文、农村常用经营类应用文、农村常用事务类应用文、农村常用生活类应用文。为了能给学习者提供切实有效的帮助，本书编写力求达到实用、通俗、新颖之目的。

　　首先是实用。主要表现在文书类别以及文种和例文的选择上，充分考虑了学习者的需求。应用文的范围广、类别多，考虑到本教材主要是为农村基层干部和广大的农民群众服务,因此,该教材的内容明确地指向农业、农村和农民,特定的专业化的文书类别,不常用或在农村使用较少的文种均未列入,例文的选择也比较贴近农村生产和生活实际。

其次是通俗。全书突出"简明"二字,围绕"为何写""写什么"和"怎样写",只有浅近、直白的语言诠释和最常用、最实用的案例分析,没有深奥的理论阐述,对每一类别、每一文种的特点尽可能用比较的方法和表格化的方式简要说明,让学习者易学、易懂。

再次是新颖。本教材采用案例导入、知识概述、例文与评析、思考与实践的模块式编写体例,在情境教学的过程中唤起学生的学习兴趣,促使学生了解文种的适应范围、特点、分类、结构与写作要求,再从提供的例文与评析中学会如何具体写作应用文。这样的体例安排使得本教材不仅形式新颖,且实践指导性也非常强。

在编写过程中,我们学习、借鉴了其他著述并引用了其中的一些例文,丰富了本书的内容,在此致以诚挚的谢意!

编　者

2016 年 8 月 16 日

目　次

第一章
农村常用应用文相关知识概说

◎知晓农村常用应用文的写作特点、适用范围和社会功用；
◎掌握农村常用应用文的基本要素与写作要求；
◎提高对学习应用写作的意义与方法的认识；
◎强化合理谋篇布局，准确选择真实、典型、多样的材料，运用精准、简明、庄重的语言撰写应用文的意识。

《农村常用应用文写作》是为了满足农村基层干部和广大农民群众在农村工作、生产、经营、日常生活等方面进行应用文写作的需要而编写的。本书试图结合农业生产生活的实际，阐述农村常用应用文写作的适用范围、特点、分类、结构、写作要求等各个方面的相关知识，着重介绍农村常用应用文的格式、写作要求、注意事项和写作方法，以便使农村读者通过本书的学习，掌握相关理论，并通过大量的写作实践，写好农村常用应用文。

第一节　农村常用应用文的含义和写作特点

农村常用应用文作为应用文的一部分，既有应用文的共性，又有自己的鲜明特色。学习农村常用应用文写作，我们首先要了解应用文的含义，才能进一步把握农村常用应用文的含义和写作特点。

一、应用文的含义

应用文是国家机关、企事业单位、社会团体以及个人办理公私事务、传播信息、表达情意所使用的，具有直接实用价值的文章。具体包括两大类：一是各种社会组织在推动和处理国家、集体公共事务过程中所形成并使用的公务应用文（即广义公文）；二是个人、家庭和宗族处理自身内部事务过程中形成并使用的各种私务应用文。它们是我们在日常生活或工作中经常要用到的文体，如公文、书信、广告、收据等。

二、农村常用应用文的含义及其写作特点

农村常用应用文，是指与农村工作、生产、经营和生活密切相关的应用文，是农村基层干部在职责范围内进行公务活动时的常用公务应用文，以及广大农民群众参与生产经营活动、社会活动和在日常生活中经常使用的其他种类的常用应用文。

农村常用应用文在农村公务、生产、经营和生活各个方面有着广泛的用途，它不但是农村基层干部处理政务活动、社会活动、生产经营活动和日常生活的重要载体，也是农民群众表达意愿、沟通关系、处理事务的重要工具。

农村常用应用文写作与其他类型的应用文写作既有相通之处，又有属于自身的特点：

（一）服务对象的特定性

既然是农村常用应用文，那么它的服务对象必定是"三农"，必须和"三农"紧密相连。所谓"三农"，是指"农村、农业和农民"。它以农村基层干部和农民群众为写作的主体和受体，为农村基层干部和广大的农民群众服务，为更好地推进农业现代化建设，推动农村走向健康、文明、进步的可持续发展道路，以及建设社会主义新农村服务。因此，农村常用应用文写作的内容明确地指向农业、农村和农民。凡是与农业、农村、农民无关的应用写作，都不属于农村常用应用文写作的范畴。

农村常用应用文服务的特定对象意味着它与科技应用文、广告应用文、法律应用文等专业应用文有着明显不同的特点。它主要涉及的是农民的生产、经营及农村生活，适合的是农村这个特定的环境，因而富有浓郁的乡土气息。

（二）写作目的的实用性

凡是应用文写作都有明确的实用目的，这是它区别于文学作品最显著的特点。小说、散文、诗歌和戏剧主要通过作品让读者感悟生活、陶冶情操、净化心灵、愉悦精神、提高文化素养、提升审美能力。也就是说，文学作品的写作目的重在审美；应用文写作的目的则重在实用，主要是为了解决日常学习、工作和生活中所遇到的实际问题。应用文的写作目的重在应用。

农村常用应用文和其他应用文一样，有着明确的实用写作目的。它是为

了解决农村工作、农业生产经营或者农民生活中的实际问题，以及办理某一具体事宜而进行的必不可少的写作，属于实用的范畴。比如一篇请示，就是为提请上级机关批准某项要求或解决某一项疑难问题而写作的，其目的是得到上级的批准或者答复，以确保工作的顺利展开。一份承包山林的合同，是为了让平等的自然人、法人、其他经济组织之间设立、变更、终止民事权利义务关系而签订的协议。其目的是为了保证承包山林这个特定事项的双方或几方当事人在展开合作过程中切实有效地享有各自的合法权益，以便合作能顺利地完成。一篇有关农业工作的报告，目的是向上级机关汇报工作、反映情况，或回复上级机关的询问。通知是为了传达上级指示，布置工作，明确要做事项的具体内容、时间、地点等。乡镇企业总结是为了总结经验、发扬成绩、吸取教训，更好地完成以后的工作。可见，着眼农村，注重实用，讲究实效是农村常用应用文写作的本质特征。

（三）写作内容的真实性

应用文是实用性文体，是为了解决实际问题而进行的写作，真实性是应用文的生命。农村常用应用文也不例外。农村常用应用文要充分发挥它解决农村实际问题的作用，这就要求它表述的内容真实不虚，符合客观事物的本来面貌，实话实说，绝对可靠。有什么事情说什么事情，不能凭空虚构，或为了渲染气氛，或为了凑足篇幅、字数而讲空话、假话、套话。真实性是确保农村常用应用文的实用价值得以实现的前提。这里的真实性是指农村常用应用文所写的内容必须真实具体，有确凿的证据。它所引用的材料必须真实可靠，既不能夸大，也不能缩小。农村常用应用文写作内容的真实不像文学创作的真实。后者的真实是一种艺术的真实，既来源于生活，又高于生活，不能等同于生活的真实。文学创作的艺术形象往往经过了艺术加工，通过典型化处理，不可避免地运用了想象、虚构、夸张等艺术手法。"飞流直下三千尺，疑是银河落九天。"诗人可以这样夸张地描写瀑布，但如果是一篇关于治理水库的请示就不能这样写，它涉及的数据必须具体、明确。也就是说，农村常用应用文必须实事求是地反映农村社会生活的真实情况，来不得半点想象与虚构。这里的真实既包括个别事物的真实，也包括整体事物的真实。个别事物的真实就是具体内容与客观实际建立一对一的对应关系，包括事件、时间、地点、原因、经过、结果、数据、引文等都是客观实际存在的，不能浮夸虚报，更不能无中生有，凭空捏造。比如××县××××年春季全民义务植树造林工作计划的制订，必须根据全县城区以及乡镇的不同情况安排，城区以绿化、美化和完善森林公园为主；而乡镇主要以绿化荒山和屋边、田边、路边、村边为主。必须根据实际情况具体到城区与乡镇，区别对待。而整体事物的真实则是指客观事实必须真实，不能以点带面，以偏概全。报喜不报忧，只讲事物好的一面，隐瞒坏的一面；或者一棍子打死，只讲坏的一面，好的方面不谈，全盘否定。这些都是在调查报告和经验总结等这类农村常用应用文的写作中必须避免的。只有采取实事求是的态度，挖掘农村事务存在的客观规律，客观实在地反映农村事务的本来面目，才有可能写好农村常用应用文。

（四）文体格式的规范性

应用文在文体和格式上都有相对统一的要求和标准。这种惯用的格式和规范是人们在长期的写作和应用过程当中，经过不断的整理与规范，逐步形成的。农村常用应用文和其他应用文一样，有文体格式的规范性。

首先，农村常用应用文的规范性表现在文种的选择、标题的安排以及文章的结构安排上。应用文的标题有规范性的特点，要求准确、鲜明地反映内容，不能用暗示、象征、夸张等手法拟写标题。标题一般由发文单位、事由和公文种类组成，比如《××乡关于查禁赌博的通告》。农村常用应用文尤其是农村公务应用文，在写作和办理时必须严格遵守中共中央办公厅和国务院办公厅等主管部门的有关规定，做到规范化、标准化。

其次，农村常用应用文的规范表现在格式体例上。不同的应用文，有不同的体例、格式，有一定的书写要求和专用术语。农村常用应用文写作的惯用格式或者是约定俗成的，或者是由国家有关部门统一制订的，比如书信有书信的格式，承包合同有承包合同的格式等。又比如各种总结的构成部分和写作顺序一般是：基本情况，成绩和经验，存在的问题和缺点，今后努力的方向；通知一般由标题、主送机关、正文和落款组成；开幕词由标题、称呼、正文三部分组成；书信由称谓、正文、祝颂语、落款组成，且书信的每个部分在信纸上的位置都有大体固定的要求。

每一种应用文包含哪些内容，哪些在前面，哪些在后面，分为几个部分等等规定，都应该严格遵守，不能随意改变。如果标新立异，随意更改应用文固定的惯用格式，就不能准确地传递信息和办理事务。如果将合同的买方卖方颠倒，合同的法律效用将不复存在。如果书信的寄信人和收信人互换，就会导致无法收到信件。当然农村常用应用文的格式也不会是一成不变的，随着社会的发展，农民生活方式的改变以及承载媒体的改变，农村常用应用文在内容和形式上会有些变化，但也得符合农村约定俗成的新规范。按照一定的格式和规范写作农村常用应用文，不仅便于学习，易于掌握，且看起来顺眼，写起来顺手。

（五）写作时间的时效性

应用文是为了解决学习、工作和生活所面临的实际问题而写的，而这些问题都需要及时解决，因此它有时效性强的特点，农村常用应用文也不例外。

农村常用应用文主要是为了及时处理和解决农村现实生活中的一些具体事务、具体问题，所以它要求及时写作、迅速制发，只有这样才能有效地解决农村社会活动、生产经营活动以及在日常生活中存在的问题。对于时效性强的农村常用应用文，一旦有写作需要，就必须迅速反映，及时处理。比如开会通知，必须在会议召开之前写作并下发；农产品购销合同有一定的时限，过期失效；生产计划要在生产活动展开之前制订；推广新农产品的广告要在一定的时间内完成并即时推送，不能拖延，诸如此类，不胜枚举。因此，为达到及时性、有效性，我们在写作农村常用应用文时绝对不能磨磨蹭蹭，拖延时间，否则可能会导致坐失良机、贻误要事，往往会对生产经营、日常生活带来很大的影响，甚至造成不可估量的损失。

思考与实践

在工作与生活中你接触过哪些应用文？它们有何特点？

第二节　农村常用应用文的范围和功用

一、范围

应用文的种类繁多，是使用频率很高的文章门类。从当前我国农村实际情况出发，依据基层农村干部和广大农民群众的实际需要，我们在本书中主要介绍了农村常用的四类应用文。

第一类：农村常用管理类应用文

农村常用管理类应用文包括：通知、通报、通告、报告、请示、函、会议纪要、计划与总结、调查报告、规章制度等。

第二类：农村常用经营类应用文

农村常用经营类应用文包括：经济合同、劳动合同、项目招标书、项目投标书、项目协议书、项目策划书、可行性研究报告等。

第三类：农村常用事务类应用文

农村常用事务类应用文包括：介绍信与条据、启事与声明、竞聘稿、述职报告、消息与通讯、会议文书等。

第四类：农村常用生活类应用文

农村常用生活类应用文包括：祝词与贺信（电）、请柬与聘书、推荐信、感谢信与慰问信、婚前财产约定书、离婚协议书、遗嘱、讣告与悼词等。

二、功用

在城镇化进一步发展的背景下，为加快新农村建设的步伐，实现农业的可持续发展，达到城乡共同繁荣，构建和谐的社会主义新农村的目的，作为为"三农"服务的农村常用应用文写作，已显示出越来越重要的社会功用。主要表现在以下几个方面：

（一）规范制度、约束行为

农村常用应用文中有不少是根据各种法律制度制定的文件，比如规定、细则、章程、制度、公约等，它们经过一定的法律程序，具有法律约束力，必须遵照执行。县、镇、乡所制发的通告、通知等，具有法定权威性，要求下级机关和相关人员遵照执行。乡规民约，就是在一定乡村地域范围之内，由一定的群众组织按照自我管理、自我服务、自我约束的原则制定出来的行为规范，它要求本区域内的村民必须普遍遵守。由此可见，农村常用应用文具有规范基层制度和约束人们行为的功用。

（二）宣传教育、舆论导向

农村常用应用文和其他应用文一样，具有很强的宣传教育作用。农村的宣传教育、舆论导向主要是通过各种农村常用应用文来实现的。它用文字、文件的形式告诉人们，应该做什么，为什么要这样做，以及怎么去做。农村常用应用文宣传教育的内容包罗万象，农业生产、农村工作、农民生活、农民思想、农业知识、农业技能等各方面均有涉及。像通告、通知等直接向社会公布的文件，就起到了宣传教育的作用；会议文书、经验总结等，可以向广大农村群众宣传形势、宣讲政策、传播经验；消息通知等，可以宣扬好人好事，宣传先进思想和先进事迹；通报之类的应用文，除了表扬的作用之外，还起到舆论导向的作用。

（三）协调关系、指导工作

农村行政管理指导工作、协调关系的功能实现，离不开农村常用应用文。

为了更好地开展农村工作，县乡各级党政机关常常通过通知、通报、经验总结、农村生产计划等公文形式，向农村基层组织或村民提出要求、布置任务，尽可能及时准确地把情况传达下去，让人们明确自己该负的责任，明白该做的工作，做到有章可循，有据可查。而农村基层组织往往通过请示、报告等公文形式向上级领导反映情况，请求上级的指示和指导，使上下级之间更为协调一致，更好地开展工作。

（四）传递信息、交流情况

现代社会人们的社会分工越来越细，交际越来越频繁、复杂，不管是整个农村，还是一个具体的村子，为了有效地开展活动，要求人们更好地协调行动。一方面要知道别人在"干什么"以及相关情况；另一方面，也要知晓自己应该"做什么"以及"怎么做"。农村常用应用文作为一种普遍使用的交际工具，在农村生产经营和农民日常生活中，起到了传递信息、加强联系、相互沟通的作用。比如用通知来知会要参加会议的人员；用商品广告把互不相认的供需双方联系起来；用会议应用文准备会议流程等等。农村常用应用文像纽带一样，把平时比较松散的农民群众联系起来，起到了传递信息、交流情况、促进农村经济发展的积极作用。

（五）保留凭据、储存资料

在农村常用应用文中，有很多具有凭证依据作用的应用文。比如条据类应用文，包括借条、收据等，以凭据的形式作为某种依据。购销合同、招投标书等应用文，主要通过利益双方协商签订，明确各自的权利、义务和责任。它不但是双方经济活动中必须依据的凭证，而且一旦出现纠纷，在法庭上，购销合同、招投标书等还将是具有直接法律效力的凭证。有的农村常用应用文在它失去现实效用时，仍然具有保存价值，可以作为资料储存起来。

农村常用应用文保留凭据的作用，在不同的应用文中有不同的表现。例如村民会议纪要记录着某一次村民大会对某件事或几件事的决定，以便会后遵照执行。又如村民房屋买卖合同，既有规定双方权利和义务的法律作用，又有作为真实证据以备不时之需的作用。

思考与实践

在工作与生活中，你接触过哪些公务应用文和私人应用文？它们分别有何作用？

第三节　农村常用应用文的基本要素与写作要求

无论是农村常用应用文还是其他应用文，都具有应用文共同的基本要素，如观点、材料、结构、语言等。要写好农村常用应用文，必须把握应用文的基本要素及其相关要求。

一、观点

观点是人们对事物的态度和看法。也叫"主旨"或者"中心思想"。是写作者在说明问题、反映情况、表明主张时表现出来的目的和意图，包含写作者对客观事物的基本认识和评价。观点是应用文的灵魂和统帅。应用文的观点，是写作者对应用文所涉及的事项或者问题所持有的态度和看法。

应用文的观点，必须做到如下几点：

1. 正确鲜明

这是对应用文写作在观点方面的最基本要求。所谓正确，就是应用文的观点必须符合国家的路线、方针、政策、法律、法规，符合农村、农业、农民的客观实际情况，能正确反映农村客观事物的本质规律。写作者在应用文写作中要有鲜明的立场来表明意图、目的和态度，不能没有观点或者观点模棱两可、含糊不清。只有观点正确，才能充分发挥应用文在农村生产生活中的应有作用。

2. 深刻新颖

深刻是指应用文的观点力求揭示农村事物的本质特征，把握农村事物的内在规律，直指事物的问题要害。新颖是指应用文的观点要有新意，见解独到，切忌空话、套话、假话连篇。

3. 集中明确

集中是指应用文强调的一文一事，一个中心贯穿一篇应用文的始终，所有观点都是紧紧围绕这个中心展开。明确是指必须清楚表达观点，令人印象深刻。应用文切记不能一文多义、琐碎凌乱、主题不明、观点模糊。

二、材料

材料是表现主题的一系列事实和道理，其中包括证明观点的具体事例、确凿数据、图表、法律条文、社会习惯、道德准则、人文科学和自然科学的定论以及其他参考资料。材料是文章的写作基础，主题是从材料中提炼出来的。材料是文章的血肉，要把文章写得有血有肉，内容充实丰富，就得大量搜集、积累和占有材料。

应用文的写作要分清观点和材料的主次关系。观点为主，统帅材料；材料为次，服务观点。因此，应用文写作要按照一定的标准和要求，对材料进行严格的选择。对搜集和积累的材料进行审查、选择、加工，最后挑选那些能够充分地表现主题，很好地证明观点，有效地达成目标的材料。

应用文的选材要求有以下几点：

1. 真实、准确

应用文写作材料的真实和准确不仅是指农村工作、生产、生活过程中发生和客观存在的事情是真实的，而且指事情发生的起因、经过和结果各个环节都是真实可靠的。例如调查报告、总结之类的应用文，要求记叙的内容较多，选取材料的时候就要具体准确真实，要选取那些准确的、有说服力的、能反映事物本质的材料。

2. 典型、充分

典型的材料就是最具有代表性的、最能反映事物的本质规律的材料，要在众多材料中选取那些最生动、最有特点、最有说服力的材料，以便更好地证明观点的准确性，起到"以一当十"的作用。充分就是选取足够的事实、论据和理由来证明观点。凡是与应用文观点关系不大的材料，不能如实地反映现实生活的材料，不能揭示问题本质的材料，都要舍弃不用。

3. 新颖、切题

选取的材料要符合最新的形式要求，最能说明当下最迫切需要解决问题的新材料，一般是指最新发生的事情、最新发现的事例、最新出现的理论观点等。应用文是时效性很强的文体，针对性很强，必须选取最新颖切题的材料。切忌老调重弹，选取陈旧的材料，来证明或旧或新的观点。

三、结构

结构是指文章内部的组织和构造，或者安排和组织材料的方式。只有按照主题的需要，对材料进行精心的组织和合理的安排，文章才能条理清晰、层次分明、衔接自然、前后一致、重点突出、主题鲜明。

应用文的结构有两层含义，一是指内部结构，二是指外部结构。内部结构是指文章的思路，也就是文章内容的逻辑联系；外部结构就是文章的外部存在形式，主要是指段落层次、过渡和照应、开头与结尾等。

应用文的结构要求做到如下几点：

1. 完整性

完整性就是应用文结构的几个部分完整齐备，不能残缺不全。应用文要有头有尾，首尾照应，主体部分放在中间，各个部分要匀称，形成一个有机的整体。

2. 逻辑性

应用文的结构安排必须合乎客观事物的规律。这就要求我们写作应用文时，必须按照客观事物的规律去组织材料、安排段落、陈述观点。而对观点的陈述和论证，不是一句话两句话可以阐述清楚的，往往需要分成若干步骤，层层讲述。这样，在结构上就有了段落层次的安排。文章要有逻辑性，就是讲段落层次的安排要有逻辑。逻辑严密的应用文各部分之间联系紧密，环环相扣，浑然一体。层次与段落之间的关系或者是步步深入，层层递进；或者花开几朵，各表一支；或者因果相连，追根溯源。因此，我们写作应用文时，要对客观事物进行一番深入的分析和研究，才能对事情的来龙去脉有透彻的了解和认识。在安排应用文的结构时，还要注意过渡和衔接，使得应用文逻辑严密，文脉贯通。

3. 条理性

应用文的条理性是指写作应用文时要条理清楚，文脉流畅、言之有序。应用文的文种繁多，不同类型的文种对段落层次的安排有不同的要求。比如，记叙类应用文，有的以时间为序，按照事情发生、经过、结果这样的先后顺序来安排；有的以空间为序，以事情发生的位置变化来安排顺序；有的以时空交叉为序来安排材料；有的根据事物之间的因果联系来安排段落层次；有的根据人们对事情发展的认识过程的不同阶段的先后顺序来安排，或根据事情的多方面发展展开阐述。说明类应用文，往往按照空间位置的顺序或者事物发展变化、生产过程、历史沿革或者事物的属性、功能、特征的不同来安排段落层次。议论类应用文可以按照"总分式""并列式""递进式""综合式"来安排层次。不管以什么为序来安排段落层次，都要做到层次清晰、有条不紊。

值得注意的是，在安排应用文的结构时，首先要弄清楚材料之间的因果关系。应用文的写作都是有所依据，有的放矢的，这是应用文因果关系的体现。有的表现为开门见山，直接说明应用文事项提起的原因和依据，回答为什么要这样做的问题，然后提起事项（要求、请求、规定等）。比如请示、通知、通报等公文文种常常用这种方式来安排结构。还有一种方式是追根溯源，即从介绍事情的结果或者工作情况入手，然后寻找事情成败的原因，吸取经验教训，比如调查报告、述职报告等文种一般采取这种方式安排段落层次。

其次，要分清楚主次，突出重点内容，不能喧宾夺主，眉毛胡子一把抓。再次，结构安排的时候，内容比较单一的可以一以贯之，一气呵成；内容丰富的则可以分章分节，逐步写作。

四、语言

（一）应用文语言的特点

语言是人类最重要的交际工具，用来表达与交流思想。应用文写作是用书面语来反映现实、表达思想、处理事务的一种信息存储与传播活动。在长期的社会实践活动中，应用文写作语言经历了从文言文到现代文的过程，还经历了与外来语融合的过程，形成了自身独特的风格。应用文写作的语言整体上要求准确、平实、得体、简洁。农村常用应用文同样如此。

1. 准确

应用文语言的第一要求是准确。应用文的目的是处理实际事务，因此语言必须清楚明了，发文者的态度意见必须明确无疑。它要求写作者能区分同义词、近义词的细微差别，能准确理解概念的内涵和外延；要避免模棱两可、似是而非，要使用不容易产生歧义、造成误解的词语；不能使用口语、土语、方言和俚语；要注意书写规范，要正确使用标点符号，不使用不规范的简化字、繁体字、异体字；要恰当地区分模糊词语，比如"酌情处理""尽快答复""原则上"等等。

2. 平实

农村常用应用文是为了解决农村实际问题而写作的，阅读对象是针对农民，语言更应该体现平实。这里的平实也就是说实在、质朴、通俗。实在是指不用渲染、夸张、烘托等手法，而是根据事情的本来样子来写。比如公务应用文的记事，必须如实叙述，与事实完全吻合。质朴是指朴实无华，不用华丽的辞藻来行文。通俗是指农村常用应用文的语言要符合农村人的语言习惯，力求大众化，通俗易懂。不用生僻词语，不故作高深。这都是农村常用应用文写作时应该注意的。

3. 得体

应用文语言的得体是指文章的语言要合乎特定文体的要求，合乎农村这种特定的语言环境的要求，符合写作者在农村这个特定的社会关系中的地位和身份。得体的应用文语言恰到好处，该说什么，不该说什么，说到什么程度，用什么语气，选择什么词汇，都要仔细考虑，字斟句酌。

4. 简洁

应用文写作必须及时、高效地传递信息、处理公私事务，以取得社会效益和经济利益为目的，具有很强的时效性和实用性，其语言在准确的基础上，还必须简洁畅达，精炼明快。简洁就是用最少的语言表现出最大限度的内容和思想，即我们通常所说的言简意赅，详略得当，不拖泥带水，把话说到点子上。

（二）应用文写作的词汇特点

1. 使用固定事务性词汇

在处理事务的过程当中，逐步形成了一系列较为固定的事务性专用词语。这种专用事务性词语的运用有助于文章表达更为简练。常见的有下面几种固定表达方式，农村常用应用文写作可以根据具体情况进行选用：

表开头：用于说明发文的缘由，交代背景，介绍情况，揭示意义等。例如为、为了；根据、按照、遵照、依照；鉴于、关于、由于；兹、兹有、兹派、兹聘、兹介绍等。

表称谓：对各机关称谓的简称。例如（本）乡，我（村）、贵（公司）、该（镇）、你（局）等。

表经办：表明工作处理的过程或者情况。例如经、兹经、业经、未经；拟、拟办、拟定；审定、审发、审核、审议、审批；试行、暂行、实行、可行、参照执行、贯彻执行、研究执行；会议听取了、会议讨论了、会议指出、会议希望等。

表引述：用于批复或者复函时引述来文作为依据的用语。例如接、近接、前接、悉、收悉、敬悉、欣悉、电悉等。

表批转：用于批转、转发、印发通知时的用语。例如批示、阅批、审批、批转、转发、印发等。

表呈递：用于上行文呈报情况时的用语。例如呈上、转呈、送上、递交等。

表结尾：应用文结尾常用语。例如为要、为盼、为荷、为宜；请批示（复）、请予函复（告）、特此函复；现予公告、特此公告（通告、通报、通知）等。

表征询：用于询问的语言。例如当否、妥否、是否可行、意见如何等。

表承接：用于连接开头与主体部分，起到承上启下作用的惯用语。如现通知（通报、通告、答复、报告）如下、拟采取如下措施、根据、现决定、经研究、现答复如下等。

表态度：用于表态的语言。如批准、不同意、同意、照办、参照执行等。

2. 大量使用与"三农"相关的术语

应用文写作的最大特征就是实用性，无法避免各行各业专业术语的大量使用。当然，就农村常用应用文写作来说，与之相关的专业词汇自然是与农业有关的带有乡土气息的术语。比如"四荒地"，具体为荒山、荒沟、荒丘、荒滩等未利用的土地；"大春作物"指的是春夏季种植的作物，以水稻为主；"小春作物"，即在第一年播种第二年初夏收获的作物，比如油菜、豌豆、胡豆、小麦，等等。

📖 思考与实践

一、为什么应用文较多运用叙述、议论和说明，而很少使用描写、对话和抒情？

二、以下为某大学生村官撰写的一份会议通知，你认为其语言表述符合应用文的要求吗？

会议通知

重要会议请诸君出席

全体村民代表同志们：

啊，今天的会议是多么重要而意义非凡！

大家一定会群情振奋，踊跃参加的。

地点是宽敞明亮的、让人心旷神怡的二楼会议室。

时间是充满生机、朝气蓬勃的上午九点钟。

预知会议内容何等重要，开会之后自然知道。

第四节　学习农村常用应用文写作的意义与方法

一、学习农村常用应用文写作的意义

农村常用应用文是农村基层工作人员和农村居民广泛使用的重要文章体裁，它具有贴近基层、贴近生活的重要特点，无论是在基层单位的行政管理方面，还是在农民群众的生产经营、人际交往、文化生活方面，都发挥着重要的作用。

首先，学习农村常用应用文写作，是当前农村发展的迫切需要。随着社会主义建设的发展，特别是随着市场经济建设的推进，我国农村各行各业取

得了重大的成就，农村生活也随之发生了巨大的变化。新的变化要求应用文写作必须适用新的要求，解决农村出现的新问题。无论是作为农村基层干部，还是作为农村普通居民，应用文写作成为了他们生产、工作和生活中必不可少的重要一环，成为他们从事工作、事业发展、生活交往的必备技能。因此，只有学好农村常用应用文写作，才能适应农村发展新局面，满足农村发展新需求。

其次，学好农村常用应用文写作，是农村基层工作人员和农民群众提高写作水平和综合素质与能力的重要途径。学习应用文写作，有助于我们进一步提高业务能力，提高专业素质。应用文写作有较强的思想性和政策性，在写作过程中，需要掌握党和国家制订的方针政策并作为理论依据，这有助于我们提高思想政治水平和理论素养。应用文写作有助于我们学习运用马克思主义的立场、观点和方法去观察问题、分析问题、解决问题。学习应用文写作可以拓宽我们的知识范围，促进专业水平的提高，包括财经、法律、税收、会计、合同等各个方面的专业知识。学习应用文写作，有利于提高思维能力和创造能力。应用文写作是一项复杂的思维活动，从材料的搜集、主题的提炼、布局谋篇的安排、表达技巧的选择、语言风格的确定，都离不开写作思维的参与。在选材、构思、起草、撰写、修改、定稿的过程中，写作者的发散性思维、聚合思维，顺向思维、逆向思维等各种思维都得到了锻炼。写作过程中，还可以通过想象、推理、概括、演绎、拓展等方法对写作者进行创造性思维能力的培养。

第三，学好农村常用应用文写作，有利于很好解决农村生产、生活和工作问题，推进社会主义新农村建设。农村基层组织或基层工作人员经常要运用应用文来宣传党和国家的方针政策、法律法规，向上级部门请示和汇报工作、向下级布置安排任务、向社会传达各种信息，这些都有利于国家政策的宣传、贯彻和执行。农村常用应用文写作是为了解决农村常见问题而进行的应用文写作，涉及面非常广泛，深入到了各个领域，在学习应用文写作的过程中，能够学会策划、学会调研、学会科研、学会分析等，有利于农村工作的开展，能切实有效地解决农村生产、工作和生活中所面临的实实在在的问题。这些问题的解决，为农村基层工作人员和村民工作的开展、事业的成功奠定了扎实的基础，对社会主义新农村建设能起到良好的推动作用。

二、学习农村常用应用文写作的方法

1. 熟练掌握应用文的基础写作知识

要写出合格的应用文，就必须掌握必要的应用文写作基础知识。首先，要切实把握各种应用文的概念和特点，严格区分容易混淆的应用文之间的细微区别。只有牢固掌握各种应用文的文体知识，把握它们各自不同的特点，才能在应用文撰写过程中得心应手。其次，要牢固掌握各种文体的格式规范。特定的格式规范是应用文的外在表现特征。只有掌握了应用文的格式规范，才有可能写出像样的应用文。再次，要全面了解应用文写作的流程、写作技巧、写作要求和注意事项。因为应用文最突出的特点是结构固定、格式规范，具有程式化的特征。只有掌握了应用文写作的基础知识，以写作理论去指导实践，才能够做到举一反三、触类旁通，取得事半功倍的效果。

2. 理论联系实际，特别是联系农村实际，广泛阅读写作范文

应用文写作是程式化很强的写作，自然不能缺少相关理论知识的指导。要先掌握应用文写作的理论知识，再结合案例及其评析，以理论指导实践，同时通过病文分析、思考与实践这些环节来分析鉴别，从而加深对写作理论的理解。只有理论与实践相结合，才有可能提高应用文写作水平。

3. 勤写苦练、加强写作训练

应用文写作是实践性很强的技能训练课程。"纸上得来终觉浅，绝知此事要躬行。"在掌握了应用文写作的理论知识以后，还得亲自操刀，通过大量的实践训练，逐步掌握应用文写作的方法与技巧。"操千曲而后晓声，观千剑而后识器"，经过勤写苦练，才能熟能生巧，从而对各种农村常用应用文体裁烂熟于胸，从事应用文写作工作才会得心应手。

思考与实践

根据本章所学知识，收集本村、本乡发布的应用文，分析它们的格式、语言是否符合要求。

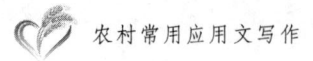
第二章
农村常用管理类应用文

◎掌握通知、通告、通报、请示、报告、纪要和函这七种公文的基本构成要素、格式和写作要求；

◎明确通知与通告、通报，报告与请示的区别并能正确选择使用；

◎熟悉调查报告的基本结构并掌握依据调查所得材料进行归纳、分析形成调查报告的方法；

◎学会撰写计划、总结和规章制度，并正确使用它们来规范工作，提高管理水平。

第一节　通知与通告

　　根据《中华人民共和国村民委员会组织法》《××省实施〈中华人民共和国村民委员会组织法〉办法》和《××村民委员会选举办法》，南华村第九届村民委员会换届选民登记时间定为2016年5月20日至2016年6月8日。凡年满18周岁的下列人员将被纳入选民登记范围：（1）户籍在本村且在本村居住的村民；（2）户籍在本村，不在本村居住，本人要求参加选举的村民；（3）户籍不在本村，在本村居住一年以上，本人申请参加选举，并经村民会议或者村民代表会议同意参加选举的公民。选民登记的地点设在村民委员会各村民小组组长处，对于偏远的地方，将派工作人员入户进行登记。

案例所显示的是要将选民登记这一选举过程中的事项告知全体村民，并要求其予以配合。在农村的党务和村务管理工作中，经常会遇到要将某一事项或工作流程、方法告知不同对象的问题。且应当是书面的和规范的。为了适应这一类工作的需要，我国设立了专门的公文文种——通知和通告。通知和通告两个文种均有知照作用，但又有着明显的不同。那么，我们在实际的工作中，要如何根据它们的不同来加以选择？我们又怎样写出一个符合工作意图的规范性通知或通告呢？

一、通知

通知是党政机关、社会团体、企事业单位用来批转下级机关的公文，转发上级机关和不相隶属机关的公文，传达要求下级机关办理和需要有关单位周知或者执行的事项，任免人员的公文文种。是一种使用频率最高，适用范围最广的公文。

（一）通知的分类

通知的种类很多，根据内容和适用范围的不同，大致可以分为以下几大类：

1. 发布性通知

发布性通知是上级机关用来对其所属下级机关颁发、发布行政法规和规章或印发有关文件的一种公文，如《中共中央办公厅　国务院办公厅关于印发〈党政机关公文处理工作条例〉的通知》。

2. 指示性通知

上级机关对下级机关传达、布置工作时，用指示性通知，如《关于做好计划生育迎检工作的通知》。

3. 转发、批转性通知

转发、批转性通知一般用来转发上级机关，或平级机关以及不相隶属机关的公文或批转下级机关的公文，正文一般比较简短，如《××省人民政府转发国务院关于开展第五次人口普查的通知》《国务院批转国家土地管理局关于加强农村宅基地管理工作请示的通知》。

4. 告知类通知

此类通知是告知有关单位和人员知晓某一事项或交流有关情况、信息的通知，如《关于启用印章的通知》《关于更名的通知》《关于召开全村党员大

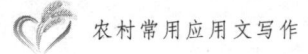

会的通知》。

（二）通知的特点

1. 适用范围广，使用频率高

通知可以用来批转下级机关的公文，也可以转发上级机关和不相隶属机关的公文；可以用来传达中央重要方针政策，也可用于日常行政工作当中；既可作下行文，也可作平行文。

2. 功能多样，时效性强

在所有公文当中，以通知的职能最多。它可用来布置工作、批转和转发文件、任免人员、发布规章等。它所要求办理的事项都有较强的时间限制，一般要求受文机关要在规定的时间内办理完毕。

3. 写作灵活，针对性强

通知的基本格式虽然比较固定，但其正文写作形式较灵活，既可以长篇述文，也可以简语示之；既可内部发文，也可公开张贴。在内容上一般是一文一事，并有比较明确的受文对象。

（三）通知的格式与写法

通知一般由标题、主送机关、正文和落款组成。

1. 标题

（1）完整式标题

完整式标题即三要素标题，由发文机关、事由、文种构成，如《×××乡政府关于召开全乡村长会议的通知》。

（2）省略式标题

省略式标题一种是事由加文种构成，如《关于及时办理第二代居民身份证的通知》；另一种是只有文种，即《通知》。

2. 主送机关

主送机关是通知的受文单位，可以是一个，也可以是多个。

3. 正文

包括前言、通知事项及结语三部分。但由于适用范围的广泛性，带来了其内容、结构形式和写作方式方法的多样性。着重介绍以下几类：

（1）指示性通知

指示性通知由通知缘由、通知事项、执行要求三部分组成。通知缘由中先简明扼要地交代发布通知的背景、原因、依据、目的等，然后用"特作如下通知""现将有关事项通知如下""现通知如下"等过渡语承上启下。通知事项是正文的主体，主要包括工作原则、意见、措施和注意问题等，交代要具体，不可含混笼统。在结构安排上，可以采用分条列项式的写法，用序号标明层次；也可采用小标题式写法，分别进行阐述；内容较少的，也可以采用篇段合一式写法，一段到底。执行要求是根据实际情况提出要求、规定通知生效日期等，如"以上通知，希认真贯彻执行""请结合实际，认真贯彻执行"等。

（2）转发、批转性通知

转发性通知和批转性通知正文的写法大致相同。转发性通知一般先用一个自然段写明被转发公文的发文机关、公文名称和执行要求，有的还要另加一段说明发通知的原因、意义、目的和具体注意事项等；批转性通知一般先交代发文机关的名称和态度（即"同意"或"原则同意"）、被批转公文的发文机关名称和公文标题，后提出执行要求，惯用的写法是"×××（发文机关名称）同意×××（来文机关名称）《×××××××》（来文标题），现转发给你们，请认真贯彻执行。"

（3）告知类通知

这类通知的正文一般比较简单，包括缘由和事项两部分，有的还写有结语，主要是提要求，或者是用"特此通知"之类的习惯性用语作结。通知事项较单一的，往往与通知缘由合为一段。比较常用的有会议通知和任免通知等。

①会议通知。正文一般包括通知缘由、事项、结语三部分。通知缘由要概括交代召开会议的原因、目的、议题；通知事项要具体说明会议内容、时间（包括报到时间、会议起止时间）、地点（包括报到地点和开会地点）、参加人员、议程、需要准备的材料、食宿安排、接机（车）情况、联系人、联系方式和其他有关事项。

②任免通知。正文包括任免依据和任免名单两部分，任免依据一般要写明做出任免决定的时间、机关、会议或依据文件，任免名单中如有多人，则分段或分条列出。如：

经二〇一五年七月一日县人民政府第十四次常务委员会决定：

××同志任……，免去其××职务；

××同志任……（试用期一年）。

4. 落款

落款处标明发文机关名称和成文日期。

（四）通知的写作要求

1. 内容要明确、具体

通知的撰写要充分考虑其可行性和操作性，因所写内容一般都是需要立即落实的事项。不仅会议通知之类的事务性通知如此，政策性较强的指示性通知也同样如此。因此，要尽量将通知事项说得明确具体，不能含糊其辞，才能发挥通知应有的实用功能。

2. 表述要清楚、严密

通知事项的排列先后顺序要层层地展开，做到主次分明，条理清晰，内在联系紧密，以便受文者准确理解、及时执行。

📖 例文与评析

【例文一】

例　文	评　析
××省人民政府关于加快发展养殖业的通知 各市、州、县人民政府，省政府各厅委、各直属机构： 　　养殖业是我省农业经济中最具发展潜力的主导产业之一。加快养殖业的发展，对于满足市场需求，改善人民生活，扩大农村就业，增加农民收入和财政收入，推动农村经济持续健康发展，将发挥重要的作用。为此，省人民政府决定把发展养殖业作为农业结构战略性调整的突破口来抓，特作如下通知： 　　一、进一步明确发展养殖业的指导思想和目标任务 　　发展养殖业要依托本地资源，坚持以市场为导向，以效益为中心，进一步调整优化养殖业结构，依靠科技进步，形成区域化布局、专业化生产、规模化经营、社会化服务的发展新格局。 　　"十一五"期间，全省实现肉类总产量 600 万吨、蛋品 100 万吨、奶类 17 万吨、水产品 185 万吨，出栏生猪 6500 万头、肉牛 300 万头、羊 1000 万只，出笼家禽 6 亿羽，养殖业产值达到 900 亿元，占农业总产值的比例提高到 51% 左右，其中草食动物和名特优水产在畜牧业、水产业产值中的比重，分别由 1999 年的 3%、36.4% 提高到 12% 和 60%。到 2015 年，全省实现肉类总产量 720 万吨、蛋品 150 万吨、奶类 50 万吨、水产品 300 万吨，养殖业产值占农业总产值的比重提高到 60%以上。 　　二、突出重点，加快养殖业产业化发展步伐 　　积极推行"政府引导，协会组织，龙头带动，大户养殖，	标题是由发文机关（××省人民政府）、事由（加快发展养殖业）和文种（通知）构成的三要素完整式标题。 　　主送机关即受文单位，表明了发文的范围。受文单位较多时，同一类的机关放在一起，中间用顿号隔开，用逗号和其他类的机关隔开。

续表

例　文	评　析
统一防疫，集中服务"的生产经营模式，在稳定发展生猪、常规鱼生产的同时，突出发展草食动物、珍禽和名特优水产；强化畜禽水产品加工和流通；加强动物防疫、鱼病防治和产品质量监督管理。着力抓好奶业、肉牛羊兔、禽类和名特优水产品生产。（略）加大加工龙头企业的培育力度，完善市场流通体系。（略） 　　三、依靠科技，不断提高养殖业的发展水平，继续加强和完善种苗体系（略） 　　巩固和加强科技推广体系。（略） 　　切实搞好动物防疫工作。（略） 　　加快新技术的研究和推广。（略） 　　四、制定优惠政策，加大对养殖业的扶持力度 　　鼓励生产者、经营者承包"四荒资源"发展养殖业。（略） 　　恢复和完善鲜活畜禽水产品"绿色通道"，确保货畅其流。（略） 　　建立健全激励机制。（略） 　　五、多渠道增加对养殖业的投入 　　从 2009 年起，省级财政通过调整支农支出结构，加大对发展草食动物资金的投入，重点用于良种引进、品种改良、草场建设、新技术引进推广、疫病防治以及良繁体系建设等；省级地方基本建设统筹相应增加对养殖业的投入，主要用于原种场、良种场、苗种场、人工授精网等养殖业基础设施建设；各市、州、县（市、区）特别是养殖大县要从财政中安排相应比例的资金；农业综合开发和扶贫开发专项资金用于发展养殖业的比例不得低于 20％。 　　金融部门要合理调整贷款结构，加大对养殖业的信贷投放力度。（略） 　　开展招商引资，积极引导社会资金的投入。（略） 　　六、切实加强对养殖业的领导 　　各级政府要进一步提高认识，把发展养殖业作为农业结构调整的重中之重，切实加强领导。要明确一名同志专门负责抓，并建立工作责任制。畜牧水产部门要认真履行职能，当好参谋，加强指导，办点示范，规范服务；计划部门要把发展养殖业作为重要内容纳入国民经济计划；财政部门要加大对养殖业的扶持力度；交通、公安、工商、税务、金融等部门要积极	这是一份指示性通知，正文由通知缘由、通知事项和执行要求组成。脉络清晰，逻辑严密。其主题是告知在全省范围内加快发展养殖业，从指导思想、目标任务，到采取的优惠政策和具体实施办法等都做了全面细致的交待。主次分明，条理清晰，内在联系紧密。具体措施不空泛其辞，文中各条事项具体明确，重点突出。

续表

例　文	评　析
配合，为加快发展养殖业创造良好的环境。 　　加大养殖业的行政执法力度，加强养殖业执法体系和队伍建设，不断提高执法人员的素质。要认真贯彻执行国家有关法律法规，严厉打击破坏养殖资源和环境、干扰动物防疫以及制售假劣种苗、兽药、饲料等不法行为。 　　　　　　　　　　　××省人民政府 　　　　　　　　　　　20××年×月×日	署名，即发文单位。 　　日期为成文日期，须用阿拉伯数字将年、月、日标全。 　　落款规范。

【例文二】

例　文	评　析
国务院批转发展改革委关于20××年深化经济体制改革重点工作意见的通知 国发〔20××〕26号 各省、自治区、直辖市人民政府，国务院各部委、各直属机构： 　　国务院同意发展改革委《关于2015年深化经济体制改革重点工作的意见》，现转发给你们，请认真贯彻执行。 　　　　　　　　　　　国务院 　　　　　　　　　　　20××年×月×日	标题是由发文机关、事由和文种构成的三要素完整式标题。 　　发文字号标注正确规范。由发文机关代字、年份、发文顺序号组成。年份、发文顺序号用阿拉伯数字标注；年份标全称，用六角括号"〔〕"括入；发文顺序号不加"第"字，不编虚位（即1不编为01），在阿拉伯数字后加"号"字。 　　主送机关有两类，同一类的机关放在一起，中间用顿号隔开，用逗号和其他类的机关隔开。 　　这是一份批转性通知。结构简单，语言简洁明了，概括地写出了批转的意图，并要求认真贯彻执行。 　　落款规范。

【例文三】

例　文	评　析
中共××省委办公厅 **关于召开省委扶贫开发暨全面建成小康社会** **推进工作会议的通知** 各市、州、县市区委，省委有关部委，省直有关单位党组（党委）： 　　省委决定，1月31日在××市召开省委扶贫开发暨全面建成小康社会推进工作会议，会期一天。现将有关事项通知如下： 　　一、会议内容：贯彻中央扶贫开发工作会议精神，总结我省2015年扶贫开发和全面建成小康社会推进工作，全面部署2016年以及"十三五"时期扶贫开发和全面建成小康社会推进工作。 　　二、参加会议人员：在职省领导；各市州、县市区委书记，各市州、县市区长，××管理区工委书记；省长助理，省委督办专员；有关省直单位、大中型企业、中央在湘单位、省属高校主要负责人；省全面小康办和四个区域指导小组办公室负责人；各市州全面小康办主任、扶贫办主任。 　　三、各县市区和不在场的单位、企业、学校，由所在地的市州委办公室（厅）负责通知并统一报名。请各市州委办公室（厅）和省直单位于1月27日（星期三）中午12：00以前将报名回执（附件2）报省委常委办公室（联系人：×××，×××；传真：×××××××）。与会人员不得请假，确有特殊情况不能参加会议的，须提前书面报告。 　　四、请全体与会人员于1月30日（星期六）下午2：30至5：30到××宾馆大厅报到。在场单位与会人员不安排食宿。 　　附件：1. 省直与会单位名单 　　　　　2. 省委扶贫开发暨全面建成小康社会推进工作会议报名回执 　　　　　　　　　　　　　中共××省委办公厅 　　　　　　　　　　　　　20××年×月×日	标题是由发文机关、事由和文种构成的三要素完整式标题。 　　主送机关有三类，同一类的机关放在一起，中间用顿号隔开，不同类的机关用逗号隔开。 　　这份会议通知采用的是条文式写法，内容全面、事项清楚、文字简练，会议内容、与会人员、报到时间及具体地点、联系人与联系电话等都清晰明了。 　　落款正确、规范。"中共××省委办公厅"为发文机关名称。 　　日期为成文日期，用阿拉伯数字将年、月、日标全。

二、通告

通告是党政机关及其职能部门在一定范围内公布社会各有关方面应当遵守或周知的事项的公文文种。

（一）通告的分类

根据通告的内容，一般可分为执行性通告和知照性通告。

1. 执行性通告

执行性通告用于在一定范围内公布有关方面或有关人员应当遵守的政策、法规等，具有较强的强制性和约束力，如《××省人民政府关于禁止在××县××水库工程占地和水库淹没区新增建设项目和迁入人口的通告》。

2. 知照性通告

知照性通告用于在一定范围内发布应周知的社会生活中的具体事项。如供水、供电、交通等的重要情况，以及通信维修、工商执照更换、车辆年审等，如《关于××市东区××段通信设备维修的通告》等。

（二）通告的特点

1. 内容的广泛性

通告的内容既可以是国家政策、法规，也可以是生活中的具体事务，可以是业务上的，也可以是管理上的。其内容根据行文单位的需要而确定。

2. 传播形式的多样性

通告既可以通过媒体传播，也可以通过张贴形式传播。

3. 执行方式的强制性

通告具有较强的约束性，都是需要执行的。一经颁布，特定范围内的部门、单位和民众都必须遵守执行。

（三）通告的格式与写法

通告由标题、正文和落款组成。

1. 标题

通告的标题有三种写法：

（1）完整式标题

由发文机关、事由和文种三要素组成，如《××省人民政府关于禁毒的通告》。

（2）省略式标题

由发文机关加文种或者事由加文种组成，如《中华人民共和国公安部通告》《关于更换营业执照的通告》。

（3）简略式标题

只写明文种，如《通告》。

2. 正文

正文一般由前言、主体和结语构成。

（1）前言

主要表达发布通告的背景、根据、目的及意义，常用"现通告如下"作为过渡语。

（2）主体

即通告事项，要求写明通告事项的具体内容。内容较多时，可以采用条款式排列写。

（3）结语

有的通告提出要求、希望或执行期限、范围，有的则没有结语。如有结语，通常采用"本通告自发布之日起实施"或"特此通告"。

3. 落款

落款处标注发文单位名称和成文日期。

（四）通告的写作要求

第一，必须符合党和国家现行的方针、政策和法律、法规。通告是把党和国家的方针、政策变为群众有效行动的重要工具和有效方式。所以，撰写通告，不能与党和国家现行的方针、政策相抵牾，必须做到既从实际出发，又符合党和国家的方针、政策。

第二，通告的事项应条理分明，层次清晰，具有可行性。

第三，语言表述应尽量明白晓畅，以便于受众理解和执行。

（五）通告与通知的区别

通知、通告两个文种都有知照作用，但也有区别：

1. 告知对象不同

通告所告知的对象是一定范围内全部组织和群众，它所宣布的规定条文，具有政策性、法规性和一定的权威性，要求人们遵照执行；通知一般只传达至有关单位、部门或人员，其告知对象相对有限。

2. 行文目的不同

通告公布的是在一定范围内必须遵守的事项，有着较强的、直接的和具体的约束力；通知的内容主要是通过具体事项的安排，要求下级单位在工作中遵照执行或办理。

3. 告知方式不同

通告一般通过张贴或通过电台、电视等新闻媒体进行宣传；通知一般只通过某种公文交流渠道，以文件形式印发。

（六）通告与公告的区别

1. 行文目的不同

公告以普遍告知为目的，内容偏重于消息性，无强制执行性或约束力，语言庄重、严肃；通告除了告知受文者相关信息，还要求受文者遵守或执行。

2. 适用范围不同

在公布的范围上，公告广于通告。公告可面向国内外发布；而通告则只在一定范围内发布。

3. 发布形式不同

公告主要利用新闻媒介，即电视台、报纸、广播发布；而通告可以利用新闻媒介发布，也可以张贴形式发布。

4. 发文机关不同

公告的发文机关级别高于通告，基层行政机关和企事业单位一般不宜制发公告；而通告的发文机关级别则可高可低，无此限制，一般机关、单位和社会团体均可发布。

📖 例文与评析

【例文】

例　文	评　析
××市地方税务局关于2015年度企业所得税和个人所得税汇算清缴有关事项的通告 　　根据《中华人民共和国税收征收管理法》及其实施细则、《中华人民共和国企业所得税法》及其实施条例、《中华人民共和国个人所得税法》及其实施条例和《财政部、国家税务总局关于印发〈关于个人独资企业和合伙企业投资者征收个人所得税的规定〉的通知》（财税〔2000〕91号）的有关规定，现将我	标题是由发文机关（××市地方税务局）、事由（20××年度企业所得税和个人所得税汇算清缴有关事项）和文种（通告）构成的三要素完整式标题。

续表

例　文	评　析
局管辖的 2015 年度企业所得税和个人所得税汇算清缴有关事项通告如下：一、关于企业所得税汇算清缴的有关事项 　　（一）凡在纳税年度内开始生产、经营（包括试生产、试经营）或在纳税年度中间终止经营活动的查账征收企业所得税的纳税人和实行核定应税所得率征收企业所得税的纳税人，无论盈利或亏损，除经主管税务机关批准外，均应按照税法及有关规定，在 2016 年 5 月 31 日前完成企业所得税汇算清缴。 　　（二）纳税人在办理年度汇算清缴时，应按税法规定自行进行纳税调整，自行计算应纳税所得额和应纳所得税额，根据预缴税款情况，计算全年应补（退）所得税税款，并于 2016 年 5 月 31 日前通过互联网申报或到主管的××市地方税务局所属区地方税务局（税务所）上门申报年度企业所得税，并于办理申报时一并报送下列报表、资料（略）。 　　二、关于个人所得税汇算清缴的有关事项 　　（一）凡在 2015 年 12 月 31 日前登记开业的各类实行查账征收的个体工商户业主、企事业单位的承包承租经营者、个人独资企业和合伙企业的投资者，在 2015 年度无论盈利或亏损，均应依法进行个人所得税的汇算清缴及年度纳税申报。 　　（二）个人所得税纳税人办理年度汇算清缴，应按税法规定自行进行纳税调整并计算年度应纳税所得额和应缴税额，根据预缴税款情况，计算全年应缴应退（补）税额，在 2016 年 3 月 31 日前向××市地方税务局所属区地方税务局（税务所）报送生产经营所得投资者个人所得税年度汇算清缴申报表，并附送年度会计决算报表和预缴个人所得税纳税凭证。如投资兴办两个或两个以上企业中含有合伙企业的，投资者还应报送生产经营所得投资者个人所得税年度汇总申报表，同时附送所有企业的年度会计决算报表和当年度已缴个人所得税纳税凭证。 　　三、为提高纳税人自行申报纳税的准确率，规范征纳行为，我局倡导纳税人依据自愿原则，委托有鉴证资质的中介机构开展所得税汇算清缴的涉税鉴证业务，并在汇算清缴申报时提供相关鉴证报告。对纳税人 2015 年度所得税的申报资料，我局将按照税收法律法规的规定进行审核，审核结果作为我局进行税务检查选案的参考依据。 　　四、纳税人如未按税法有关规定进行 2015 年度所得税申报和报送汇算清缴有关资料，我局将依法追究其法律责任。	这是一份执行性通告，其正文由两部分构成。 　　开头部分交待了通告的法律和政策依据，然后以"现将我局管辖的 20×× 年度企业所得税和个人所得税汇算清缴有关事项通告如下"领起下文。 　　主体部分对通告的事项分条进行阐述，将"企业所得税汇算清缴的有关事项"和"个人所得税汇算清缴的有关事项"分别进行了详细说明，条理分明，思路清晰，不仅具有可行性，同时具有一定的约束力。

续表

例　文	评　析
五、纳税人、扣缴义务人需进一步了解或咨询有关事项的，请致电××地税咨询热线123662，或登录××地税网站（http：//www.szds.gov.cn）。 　　　　　　　　　　××市地方税务局 　　　　　　　　　　20××年×月×日	落款规范。 "××市地方税务局"为发文机关名称。 日期为成文日期，用阿拉伯数字将年、月、日标全。

思考与实践

一、××县人民政府办公室欲转发《××省人民政府转发国务院关于加强小城镇建设的通知》，请为办公室秘书小张拟定文件标题。

二、下面这份通知还不够完善，请予以补充。

关于做好计划生育迎检工作的通知

镇计生办来电告知，6月下旬，县人口和计生委检查组将来我镇开展第三季度计划生育工作专项检查，在全镇抽查2～4个行政村。根据镇计生办要求，现就做好这次迎检的准备工作通知如下：

一、请村计生专干速到镇计生办详细了解此次检查的内容和方式，提前做好衔接工作。

二、请全体村干部到各自负责的村民小组，指导做好相关台账的清查和整理工作。

三、请各村民小组组长近期上门走访本组的所有计生对象户，做好政策宣传、药具发放等工作。

四、从现在起到本月底，全体村干部和各村民小组组长一律在村里坚守岗位。如有特殊情况需要外出，要向村"两委"请假。

　　　　　　　　　　　　　　　　　××村党支部
　　　　　　　　　　　　　　　　　××村村民委员会

三、请根据以下材料请，为××小区物业中心撰写一份通告。

为引导××小区业主文明规范停车，小区物业中心打算将下列事项告知业主：不要冲闯出入口岗，不要占用他人固定地下停车位，临停车辆将车辆停靠在临时停车位上；不得在公共通道、消防通道上停车；骑线、压线停车等于一车占两位，致使他人车辆无法停靠，属侵犯他人利益的行为，请将车辆按照车位停放整齐；如发现有车阻碍通行，或其他乱停车现象，请及时与服务中心取得联系，我们将尽快联系该车主移车；车辆停靠完毕请及时关好门窗，车卡分离，以防物品丢失。

第二节　通报

 案例导入

　　　　王贤同志是柳杨县汽车客运总站的一名工作人员。2016 年 1 月 25 日下午 7 时 10 分，正在值班的王贤再有 10 分钟，检查完最后一趟班车后，就可以下班了。这时，一辆面包车自东向西驶过来，停靠在检查点附近，该车人员随后大声向路边招揽前往大塘的等车人，有三个人应声准备上车。王贤看到有人违规拉客，立即上前，好意劝说乘客不要乘坐，并劝阻司机不要违规拉客，面包车司机却置之不理。在劝告无效的情况下，王贤准备打电话举报面包车违规营运。这时司机竟然不顾王贤紧临面包车，突然发动汽车并加大油门朝西开去，王贤用双手下意识地紧紧抓住车窗，被狂奔的车拖行了一百余米。司机突然来了个急刹车，王贤被重重地甩出，身体多处受到损伤。面包车却继续前行，直到一辆警车赶上来，才将它逼停路边，随后警察将该车司机移交派出所处理。王贤同志作为公司的一名普通一线员工，她用朴实的言行忠实地履行了自己的职责，维护了企业的利益。

　　　　为宣扬典型，表彰先进，公司决定，对王贤同志给予表彰通报。除了陈述先进事迹，表彰通报还应有对事情的分析评价、表彰方式、希望与要求。

　　通报是党政机关、企事业单位和社会团体用以表彰先进、批评错误、传达重要精神或情况的公文。

一、通报的分类

　　通报一般用于对已经发生的事情进行处理，具体来说主要有三种，即表

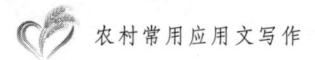

扬先进、批评错误和通报情况。

1. 表彰通报

表彰通报主要用来表扬具有典型性、代表性的先进人物、先进事迹，以树立典型、弘扬正气、推广经验、改进和推动工作。

2. 批评通报

批评通报是针对某一错误事实或某一具有代表性的错误倾向进行通报，分析问题发生的原因，指出造成的严重后果，以起到纠正、惩戒的作用。

3. 情况通报

情况通报是对某一项工作或某一时期的工作或重要情况、动向和信息进行通报，以起到传达、沟通和了解的作用。

二、通报的特点

1. 典型性

通报的事项，不论是受表彰的人或事，还是受批评的个人或集体，都必须具有典型意义、有代表性。

2. 知照性

通报的制发具有知照、告晓作用，其目的就是让大家了解有关情况，知道应当遵守的规章、纪律等，起到周知、警戒、鼓励和教育的作用。

3. 引导性

通报的目的是总结经验、吸取教训，是为了鼓舞和激励先进、警戒和鞭策后进，从而促进工作。

三、通报的格式与写法

通报一般由标题、主送机关、正文和落款组成。

1. 标题

（1）完整式标题

由发文机关、事由、文种组成，如《审计局"三严三实"专题民主生活会情况通报》。

（2）省略式标题

一种是由事由与文种组成，如《关于对林业局野保站站长胡军上班时间玩电脑游戏的通报》；另一种是只有文种，如《通报》。

2. 主送机关

通报的主送机关较多，以体现"通"的特点。普发性的或者在本单位内部公开张贴的通报可不写主送机关。

3. 正文

正文包括通报缘由、事项、决定、希望和要求等内容。根据通报的类型不同，其正文的写法也各异。

（1）表彰通报

一般包括四项内容，一是表彰的先进事迹，无论是先进人物还是先进集体，要将事情的经过、结果等表述清楚且具体。二是分析事实的性质和意义，提炼出值得学习和发扬的精神。三是通报决定，写明给予什么样的表彰方式，有的只写"特予通报表彰"，有的则写明表彰奖励的具体实施和办法。四是提出希望和要求。

（2）批评通报

正文的写法和表彰通报的写法相似。通常是首先写错误事实；然后分析错误的性质和危害，产生的原因和责任，再提出批评决定；最后提出改进措施或规定。措辞须严厉，语气要果断。

（3）情况通报

正文一般分三项内容，一是客观叙述情况。要求对事情的发展情况、主要情节分段分条做出客观、全面、准确的陈述。二是分析情况的客观意义。分析要入情入理，合乎实际，不可脱离通报的情况。三是根据通报的情况提出具体要求或提出一些指导性意见。

4. 落款

落款处标注发文机关和成文日期。有两种标注方式。

（1）标注发文机关

正文之后必须加盖发文机关印章的，在正文右下方标注发文机关和成文日期。

（2）不标注发文机关

正文之后不署发文机关名称，不需要加盖印章的，成文日期加圆括号标注在标题之下。

四、通报的写作要求

1. 要讲求时效性

发布通报必须抓住时机，否则，就起不到指导工作的作用。

2. 要讲求针对性

要使通报起到应有的作用，必须注意选择工作中具有通报价值的、真实的、典型的材料。

3. 要详略得当

对于那些与表达通报意图有直接关系的过程和情节，应该详写；对于一般的情节，应该略写。不能平铺直叙，事无巨细，一概写入。

4. 要评价得体

对所通报的事实进行分析、评价时，要掌握好分寸，不能随意夸大或缩小。

例文与评析

【例文一】

例　文	评　析
关于××水库加固工程捐款情况的通报 　　××水库加固工程，是今年村两委抓的一项大事。由于此项工程投入大，上级下拨资金有限，出现了较大的资金缺口。为解决这个问题，今年4月，村两委向全体群众特别是在外工作、经商的村民发出了捐款倡议，得到了大家的积极响应和支持。截至目前，已累计收到捐款壹拾伍万捌仟元整。现将具体捐款人和金额通报如下： 　　张××600元　　王××800元　　吴××600元 　　李××600元　　王××800元　　刘××600元 　　张××600元　　王××800元　　吴××600元 　　文××600元　　金××800元　　吴××600元 　　…… 　　在此，向关心村里公益事业的村民表示衷心的感谢！同时，欢迎大家继续奉献爱心！接下来捐款情况，我们将及时进行通报。 　　　　　　　　　　　　　　　　××村党支部 　　　　　　　　　　　　　　　　××村民委员会 　　　　　　　　　　　　　　　　20××年×月×日	标题是由事由（××水库加固工程捐款情况）和文种（通报）构成。 这是一份情况通报。首先介绍了通报事由，然后列出了通报的具体内容，即捐款人的姓名以及捐款金额，最后针对通报事项表示感谢、提出希望。全文要素齐全，文字简练，做到了实事求是，开门见山。 发文机关名称标注正确。 成文日期标注规范，用阿拉伯数字将年、月、日标全。

【例文二】

例　文	评　析
关于表彰全省农业科技先进工作者的通报 各市、县、自治县人民政府，省府直属有关单位： 　　改革开放以来，我省农业科技工作坚持以"科学技术必须面向经济建设，经济建设必须依靠科技进步"为指导思想，深入贯彻落实省委、省政府提出的"科教兴×"发展战略。经过广大农业科技工作者的辛勤努力，我省农业科研已取得一大批成果，农业科技也取得了显著进步，在农业科学研究与技术创新、科技成果转化与推广应用、科技管理、促进农村经济发展和农民增收等方面做出了突出贡献。为鼓励先进、树立榜样，省政府决定授予陈××等43名同志"××省农业科技先进工作者"荣誉称号，并在全省通报表彰。 　　希望受表彰的同志戒骄戒躁，再接再厉，争取更大的成绩；全省广大农业科技工作者要以他们为榜样，扎实工作，努力创新，为推进我省农业科技进步，为加快农业与农村经济发展和我省农业现代化进程做出更大的贡献。 　　附件：××省农业科技先进工作者名单 　　　　　　　　　　　　　　××省人民政府 　　　　　　　　　　　　　　20××年×月×日	标题是由事由（表彰全省农业科技先进工作者）和文种（通报）构成。 　　主送机关有二类，同一类的机关放在一起，中间用顿号隔开，不同类的机关用逗号隔开。 　　这是一份表彰先进的通报。正文分为两段，第一段简要陈述了表彰的事实依据，第二段对表彰对象提出了希望和要求。 　　附件在正文下空一行左空二字编排"附件"二字，后标全角冒号和附件名称。 　　落款规范。

✔ 思考与实践

　　请运用以下材料，各撰写一份通报。要求具备公文标题、主送机关、正文、发文机关、成文时间。

［材料一］

　　刘明贤是××县农商行经理，共产党员。2015年3月6日，他在面对持枪抢劫的匪徒时临危不惧，机智周旋，并在群众的帮助下，成功地与公安机关取得联系，最终将犯罪团伙一举抓获，挽救了银行的重大损失，保障了人民群众的安全。刘明贤这种敢于同违法分子作斗争的事迹，充分表现了一个优秀共产党员的先进性。

为促进××市社会主义精神文明建设，维护社会正义，鼓励见义勇为，市政府决定向各县、镇、乡，市各直属单位通报表彰刘明贤，号召全市上下向他学习，学习他为维护国家、人民利益，不畏强暴，同违法犯罪分子作坚决斗争的英雄事迹，学习他热爱本职工作，出色完成党和国家交予的任务的奉献精神。

[材料二]

阳春三月，大地呈现一派生机景象。许多单位都选择了这个季节组织外出春游。然而，在3月11日上午9：00，惨剧发生了。一辆满载着××村36名村民外出参观游览的大客车，在前往××景区的路途中不幸翻入××湖中，造成2人死亡，9人重伤。目前事故原因正在调查之中。××县人民政府要求各乡镇、村吸取教训，高度重视安全工作，增强安全意识，并准备就此事故发一份通报。

第三节　请示与报告

 案例导入

　　　望麓县白鹤乡政府办公楼建于20世纪80年代初，为二层砖混结构房屋。目前，办公楼墙体多处开裂，每逢雨天渗漏雨水，严重时致使工作人员无法正常办公；承重墙部分出现裂缝，墙面剥落，通信和电力线路老化，经常出现电路短路现象；部分房间门体下垂、窗户难以启合，大风时玻璃时有吹落。围墙由于受洪水侵蚀，已多处倒塌，存在安全隐患。由于乡政府财力有限，资金较为紧张，只对问题特别严重的地方进行过小型维修，但未能从根本上解决上述问题，在一定程度上影响了正常办公。为确保日常工作顺利进行，需全面改造办公楼，并对电力通信线路重新布置，共需资金50万元。由于白鹤乡政府财力有限，无力自行解决办公楼修缮资金，需向县财政局申请补助资金35万元。

　　　请示与报告是容易混淆的文种，其实两者有着明显的区别，依上述案例，要争取得到补助资金该采用请示还是报告来行文呢？

一、请示

请示是下级机关或部门向上级机关或部门请求指示、批准，并希望予以答复的上行性公文。

（一）请示的适用范围

在实际工作中，适用于向上级机关请求指示、批准，大体有以下几种情况。

其一，在工作中对上级制定的有关方针、政策、法律法规和上级机关发布的规定、指示有疑问，希望上级予以明确解释。

其二，在工作中遇到新情况、新问题以及疑难问题，因原来没有规定，无据可依，难以处理，需要上级机关给以指示、明确。

其三，超出本单位职权范围的事项和工作部署，需要有关部门支持或执行，请示上级批示、批准或批转。

（二）请示的分类

根据请示的目的、内容，一般可将请示分为四大类。

1. 请求指示的请示

请求上级机关对有关的方针、政策和法规中难以理解或表述不明之处，以及在执行过程中需要变通处理的问题和涉及其他机构职权范围的问题给予指示，如《××县关于采煤沉陷区房屋拆迁适用法律问题的请示》。

2. 请求批准的请示

下级机关在工作中遇到必须经过上级批准才能办理或处理，或本单位无权处理的事项，请求上级批准，如《××乡关于举办第一届农民趣味运动会的请示》。

3. 请求帮助的请示

指下级机关在工作中应办或为完成上级交办的事项，但需要一定人力、物力、财力，请求上级帮助解决，如《××村关于解决××示范基地建设经费的请示》。

4. 请求批转的请示

指在工作中需要办理的重大普遍性事项，但限于本机关职权范围或解决条件，请求上级批转，如《关于批转××报告的请示》。

（三）请示的特点

1. 请求性

请示一般是指本单位、本部门打算办理而无权决定或无力完成，须请求上级机关批示、批准或支持的问题。请求性是请示的重要特点之一。

2. 单一性

请示强调遵循"一文一事"的规则，也就是说，在一份请示中，只能就一项工作或一种情况、一个问题做出请示，便于上级机关研究答复，也有利于问题的解决。

3. 事前性

从行文的时间上看，请示只有在处理事项或问题之前提出，不能"先斩后奏"。

（四）请示的格式与写法

请示一般由标题、主送机关、正文和落款构成。

1. 标题

请示的标题一般由发文机关、事由和文种三要素组成，如《××县人民政府关于修建××公路的请示》；也可以由事由和文种两要素组成，如《关于购买收割机的请示》。

2. 主送机关

请示的主送机关是指负责受理和答复该文件的机关，主送机关只能写一个，不得多头请示，也不能越级请示。

3. 正文

请示的正文一般由请示的缘由、事项和结语三项内容组成。

请示缘由是正文的导语，要求既充分又简明扼要地呈述请示的理由或依据，要开门见山，使人一目了然，有利于上级机关及时决断，做出针对性的批复。

请示事项是指请求的事项，是请示的核心。请示的事项要写得明确具体，请求上级办什么或怎么办，以便于上级机关批复。切忌模棱两可，含糊不清。

请示结语是正文的结束语，要针对请示事项和行文目的，选用恰当的表示请求的词语，常见的有"当否（妥否），请批示""以上请示，请予审批"或"以上请示如无不妥，请批转"等。

4. 落款

党政机关的请示公文都要署名，然后用阿拉伯数字标注成文日期（并加盖印章）。联合行文时，要办好会签手续，并加盖联署机关的印章。

（五）请示的写作要求

1. 单头请示

请示的主送机关只能有一个，坚持"谁主管就请示谁"的原则，不能多头请示，如果多头请示，很可能得不到任何机关的批复。

2. 一文一事

请示的问题要单一，一份请示只写一件事，目的是使所请示的事项得到尽快指示或批准，避免问题复杂化，从而提高工作效率。

3. 不越级请示

按照行文规则，各级行政机关一般不得越级请示，因特殊情况必须越级请示时，应当抄送被越过的上级机关。

📖 例文与评析

例　文	评　析
长城铸造厂关于增加技术改造项目投资的请示 市财政局： 　　我厂经批准的 60 万元技术改造项目，在执行过程中资金额突破了原计划，其原因如下： 　　一、原计划更新和增加设备 11 台，资金额 13 万元。因一些优质名牌设备提价，致使这项资金额达 15.7 万元，价差 2.7 万元（详见附表）。 　　二、原计划翻建锻造车间厂房 1 000 平方米，资金额 30 万元。目前，我厂已与市第四建筑工程公司签订了施工协议书。经市建行审查定案后，工程预算为 33.2 万元。超出原计划的原因是：一部分计划外建筑材料议价，价差 3.2 万元。 　　上述两项共超出资金 5.9 万元。由于在 59 万元技术项目中，我厂自筹资金已达 35 万元，此次突破计划的资金 4.9 万元，我厂已无力解决。为了不影响技术改造项目的实施，特请示予以办理调整计划、增加指标 4.9 万元。 　　特此请示，请予批准。	标题是由发文机关（长城铸造厂）、事由（增加技术改造项目投资）和文种（请示）构成的三要素完整式标题。 　　"市财政局"为主送机关，一份请示只能主送一个上级机关。 　　正文包括三个部分。开头部分为导语，提出请示的缘由，以此引出主体部分。主体部分对造成资金额超出原计划的原因进行了逐一分析，使请示事项更具说服力，最后表明请示的目的。第三部分为正文的结束语，即"当否，请批示"。

续表

例　文	评　析
附件：设备价格调整表 　　　　　　长城铸造厂 　　　　20××年×月×日	附件在正文下空一行左空二字编排"附件"二字，后标全角冒号和附件名称。 落款规范。

二、报告

报告是下级机关向上级机关汇报工作、反映情况、答复上级机关的询问的一种陈述性公文。是党政机关、社会团体和其他单位普遍使用的重要上行文。

（一）报告的分类

报告的分类主要有如下几种：

1. 按内容分，可分为专题报告和综合报告

专题报告是指专门向上级机关反映某项工作、某一问题或某一事件的报告。它的涉及面较窄，只针对某一方面的工作或某一项具体工作进行汇报。如《××市人民政府关于治理××河水质污染问题的报告》。

综合报告是针对某一时期或某一单位总体工作情况而写，它的涉及面较广，涉及主要工作范围之内的各方面工作，大多数是定期性的工作总结报告，如《××派出所 2015 年度工作报告》。

2. 按目的分，可分为呈报性报告和呈转性报告

呈报性报告是以汇报工作、反映情况、答复询问为主要内容，而不要求转发。撰写这类报告的目的是使上级机关了解实际情况，从而据此制定工作方针，做出工作部署，给下级机关的工作以正确、切实的指导，如《××县人民政府关于 2015 年度依法行政工作情况的报告》。

呈转性报告是一种针对某些涉及其他平行或不相隶属机关的情况或问题，提出处理意见或建议，请上级机关审阅并批转有关机关的公文。这类报告既要反映情况，又要写出具体意见，有时还应有切实可行的措施和办法。上级机关批转后，便具有与批转机关的公文相同的效力，可以作为处理某项事情的依据，有的甚至能起到行政法规的作用，如《关于加强野生动物保护管理工作的报告》。

（二）报告的特点

1. 陈述性

报告所表达的内容和使用的语言具有陈述性。报告以叙述为主要表达方式，没有祈使性、决断性语言，只要求把具体事实写清楚即可。报告的内容必须准确及时，可以是一事一报，也可以几事一报。

2. 汇报性

所有报告都是下级机关向上级机关或上级相应的业务主管部门汇报工作、反映情况。因此，要报告的事项要叙述清楚，便于上级机关掌握下级机关工作的进程与情况，听取下级的意见和建议，做出正确的判断，有的放矢地指导下级工作，做出科学的决策。

3. 单向性

报告是有领导关系和指导关系的下级机关向上级机关汇报工作、反映情况、答复上级机关的询问时使用的上行文，不需要上级机关给予批复，因此具有单向性。

（三）报告的格式与写法

报告一般由标题、主送机关、正文、落款组成。

1. 标题

（1）完整式标题

完整式标题由发文机关、事由、文种三要素构成。如《都江堰市民政局关于贯彻落实八项规定情况的报告》。

（2）省略式标题

省略式标题由事由、文种两要素构成。如《关于公路建设资金审计情况的报告》。

2. 主送机关

主送机关一般只写一个，力求避免越级主送，不可以呈送同级机关或不相隶属的机关。

3. 正文

正文是报告的主体，一般由报告缘由、事项和结语组成。其内容根据其类型不同而有所差异。

如呈报性报告的重点在于汇报工作、反映情况。内容格式为交代工作开展背景、工作进展情况、成绩和问题、经验、教训及今后的打算。结语习惯用"特此报告""请审阅""如有不妥，请指示"等。

而呈转性报告一般是先概述开展某项工作的依据、背景和主要目的，然后以"现将做好这项工作的意见报告如下"或"现就进一步做好××工作，提出如下意见"等过渡语转到主体部分。主体部分主要陈述做好某项工作的重要性和意义、具体的工作部署和保障措施三个部分。结语常用"以上报告，如无不妥，请批转各单位贯彻执行"，或"以上报告，如无不妥，请批转各地和有关部门执行"等。

4. 落款

落款处标明发文机关和成文日期。

（四）报告的写作要求

1. 用途要合理

报告中不得夹带请示事项，要注意报告与请示的区别。报告与请示虽然都是上行文种，但二者的用途不同。如果把请示的事项写入报告，上级机关无法及时做出回复，就有可能贻误工作。

2. 内容要真实

反映的事实必须真实可靠，不夸大成绩，也不隐瞒缺点。

3. 中心要明确

要突出重点，详略得当，不要面面俱到，报告的"经验"或"问题"都要典型。

（五）报告与请示的区别

1. 行文目的不同

报告是为了向上级报告工作，重在呈报，行文宗旨是下情上达，使上级机关及时了解情况，掌握动态；请示是为了解决某一具体问题或事项，重在呈请，行文宗旨是希望得到上级机关的支持和批复。

2. 行文作用不同

报告是陈述性公文，主要叙述事实，起备案作用，不需上级做出答复（呈转性报告除外）；请示作为请求性公文，要求上级必须做出批复，体现了请示主旨的求答性与执行性的统一。

3. 行文时限不同

报告可以是事前行文，依情况需要也可事后行文报告或在事情进行过程中随时报告；请示必须在事前行文，待批复之后请示的事项方可施行，绝不允许先斩后奏。

4. 行文内容不同

报告可以是"一文一事"的专题性报告，也可以视情况将若干有关联的事情综合在一起陈述，形成综合性报告；请示必须坚持"一文一事"原则，要做到文字简洁、内容单一、主题明确，以便于上级批答处理。

📖 例文与评析

例　文	评　析
关于调查处理××县电力局 20 名工人更改年龄突击退休补员情况的报告 ××市人民政府： 　　今年 9 月 14 日来函询问我局关于李××等人反映××县电力系统 20 名工人更改年龄、突击退休补员一事处理的情况，现将调查处理的结果报告如下： 　　2015 年 8 月 20 日接张××等人来信后，我局局长×××同志，市劳动服务公司经理××同志立即赴××县进行调查。查明群众反映情况属实，该县电力系统从 2015 年 6 月 5 日至 15 日，办理退休的 20 名工人全部未到退休年龄。由于本人弄虚作假，所在的 15 个乡政府未经认真调查即发给改大年龄的证明信；县电力局明知其中有假，却大开绿灯，为他们办了退休手续。这 20 人中，最少的改大了 10 个月，最多的改大了 13 岁。 　　中共××县委、县政府对该事极为重视，并立即采取了果断措施：一是暂停办理电力系统的工人退休、子女补员手续；二是对已办理退休、补员的要逐人进行检查，凡不符合政策与有关规定，弄虚作假办了退休、补员手续的给予纠正；三是给予参与作假者严肃处理。 　　根据××县委、县政府的指示，我局已责成该县电力局将招收的 20 名子女全部清退；已办理退休手续的 20 名工人全部于 2015 年 12 月 1 日前召回上班工作。并经研究，决定给予具体参与此事的×××同志警告处分。此事处理的结果已在××县报上公布。 　　特此报告。 <div align="right">××市××局 20××年×月×日</div>	标题是由事由（调查处理××县电力局 20 名工人更改年龄突击退休补员情况）和文种（报告）构成。 主送机关为"××市人民政府" 正文包括包括开头、主体和结语三个部分，结构完整，条理清晰。开头部分说明报告的缘由，以"现将调查处理的结果报告如下："引出下文，这是常用于报告的开头和主体部分之间的过渡性语句；主体部分首先陈述调查了解到的基本情况，然后对处理的结果进行了详细的阐述；最后以"特此报告"作为结语。 落款规范。

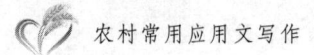

思考与实践

一、请指出以下公文的错误之处，并加以改正。

××小学关于请求购置一套多媒体教学设备的请示

××区教育局：

××区政府：

××区财政局：

多媒体教学已经得到广泛应用，但我校到目前为止，还没有一套多媒体教学设备。为了提高我校的教学质量和教学水平，增加教学过程中的现代教学手段。我校急需购置一套多媒体教学设备，计划耗资 100 800 元，特提出请示，请给予批准。

当否？请批示。

××小学
二〇一五年八月二十日

二、根据下面材料，请拟写请示一份。（要求具备：标题、主送机关、正文、落款）

2015 年 10 月，桂花乡政府打算向白水县水利局申请当年冬修水利经费 10 万元，为此向县水利局行文请示。

三、下列报告中有多处错误，请指出来，并加以改正。

关于购买办公用电脑的请示报告

尊敬的处领导：

古人云："冰冻三尺，非一日之寒。"回顾一下我们办公室的历史：从三个经我们手抄写的满抽屉文件，到三年来积下的 71 个墨水瓶，并在一线工作几十年身先士卒，以致积劳成疾、伏案不起，趴在写字台上再也没有起来的原办公室主任老王，无一不说明正是经历时间的考验，在您的领导下，我们抄写文件才有了一点不足挂齿的进步。

然而，进步远不够，当年的老王和现在的我和小张，工作方法并没有丝毫变化。十年如一日，世界瞬息万变，往事不要再提，世界已经发生了翻天覆地的变化，电脑时代已经不请自来，办公室也需要两台高配置的电脑，高效率万岁，高效率万岁！我们和计算机大跨步地一起走向充满希望的 21 世纪，计算机可以代替我们办公、电话和传真。

我们建议购买两台联想电脑，费用 8 000 元左右，希望您能批准！

敬请批复！此致敬礼！

四、根据下面提供的材料，请以××乡的名义向××县起草一份报告。

（1）2015 年 12 月 20 日上午 9 点 20 分，××乡××村发生重大火灾事故。

（2）事故后果：未造成人员伤亡，但烧毁居民住房十栋。

（3）施救情况：事故发生后，县消防队出动 2 辆消防车，经 2 个小时扑救，火才被扑灭。

（4）事故原因：该村大部分居民家是木结构房屋，××居民外出忘记关电烤炉电源。

（5）善后处理：××乡乡长带领有关人员赶到现场调查处理；××县人民政府召开紧急防火电话会议；县委、县政府对有关人员视情节轻重，做了相应处理。

第四节　函

 案例导入

> 亲爱的汪大伟先生：
>
> 　　承蒙盛情邀请共进晚餐，甚为感谢。您提出的两个日期，如能定在 8 月 9 日，对我更合适。我期待着同您愉快的见面。
>
> 　　祝您身体健康。
>
> 　　　　　　　　　　　　　　张　坤
> 　　　　　　　　　　　　　2015 年 7 月 28 日
>
> 　　以上为一则日常生活中的便函。便函与公函仅一字之差，公函属于法定公文文种之一，便函不是公文文种。公函只能写给某一个组织，不能主送给个人；而便函却不存在这样的问题，它既可以写给某一个组织，也可以写给某一组织的负责人或某一个人。

函适用于不相隶属机关之间相互商洽工作、询问和答复问题，以及请求批准和答复审批事项。

在公文应用中，函适用的范围相当广泛。在行文方向上，不仅可以在平行机关之间行文，而且可以在不相隶属的机关之间行文，其中包括上级机关

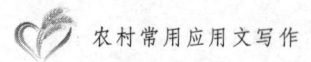

和下级机关行文。在适用的内容方面，它除了主要用于不相隶属机关相互商洽工作、询问和答复问题外，也可以用于向有关主管部门请求批准事项，向上级机关询问具体事项，还可以用于上级机关答复下级机关的询问或下级机关的请求批准事项，以及上级机关催办下级机关有关事宜。

一、函的分类

函可以从不同角度分类：

1. 按性质的不同

按性质的不同，函可分公函和便函两种。公函用于机关单位正式的公务活动往来；便函则用于日常事务性工作的处理。便函不属于正式公文，没有公文格式要求，甚至可以不要标题，不用发文字号，只需要在尾部署上单位名称或个人姓名、成文时间即可。

2. 按发文目的的不同

按发文目的的不同，函可以分为去函和复函两种。去函即发文单位主动向对方发出函件，具体包括商洽函、询问函、请批函。复函则是为答复发文机关所提出的问题或回复对方所发出的函。

3. 按照内容和用途的不同

按内容和用途的不同，函可以分为商洽函、知照函、催办函、邀请函等等。

二、函的特点

1. 沟通性

函对于不相隶属机关之间相互商洽工作、询问和答复问题，起着沟通作用，充分显示平行文种的功能，这是其他公文所不具备的特点。

2. 灵活性

表现在两个方面：一是行文关系灵活。函是平行公文，但是它除了平行行文外，还可以向上行文或向下行文，没有其他文种那样严格的特殊行文关系的限制。二是格式灵活，除了国家高级机关的主要函必须按照公文的格式、行文要求行文外，其他一般函比较灵活，也可以按照公文的格式及行文要求办。

3. 单一性

函的主体内容应该具备单一性的特点，一份函只宜写一件事。

三、函的格式与写法

公函由标题、主送机关、正文和落款等部分组成，有些函标有发文字号。

1. 标题

公函的标题一般有两种形式。一种是由发文机关名称、事由和文种构成，如《国务院办公厅关于同意南昌市承办 2011 年第七届全国城市运动会的函》；另一种是由事由和文种构成，如《关于商请介绍全面核实污水处理上报情况经验的函》。

2. 主送机关

函的主送机关即接受公函的机关。所有的函都有主送机关，重要函件也有抄送机关。

3. 正文

正文一般由开头、主体、结语等部分组成。

（1）开头

主要说明发函的缘由。一般要求概括交代发函的目的、根据、原因等内容，然后用"现将有关问题说明如下："或"现将有关事项函复如下："等过渡语转入下文。复函的缘由部分，一般首先引叙来文的标题、发文字号，然后再交代根据，以说明发文的缘由。

（2）主体

主体是函的核心部分，主要说明致函事项。函的事项部分内容单一，一函一事，行文要直陈其事。无论是商洽工作、询问或答复问题，还是向有关主管部门请求批准事项等，都要用简洁得体的语言把需要告诉对方的问题、意见叙写清楚。如果属于复函，还要注意答复事项的针对性和明确性。

（3）结语

应根据函询、函告、函商或函复的事项，选择运用不同的结束语。如"特此函询（商）""请即复函""特此函告""特此函复"等。

4. 落款

标注发文机关和成文日期两项内容。

四、函的写作要求

函的写作，主要注意以下几点：

1. 内容要简洁明确

函的写作，首先要做到行文简洁明确。一个函件以讲清一个问题或一件事情为宜。语言以陈述为主，只要把商洽的工作、询问和答复的问题，向有关主管部门请求批准的事宜写清楚就行。

2. 措辞要得体

无论是哪类函的写作，语言都要得体。无论是平行机关或者是不相隶属的行文，都要注意语气平和有礼，不要倚势压人或强人所难，也不必逢迎恭维、曲意客套。至于复函，则要注意行文的针对性，答复的明确性。语气要恳切，态度要谦逊。

例文与评析

例　　文	评　　析
关于学习考察的函 ××村党支部： 　　贵村新农村建设工作在全县颇具影响力，是我们学习的榜样。为了认真学习并借鉴你们的成功经验，我村5名干部拟于×月×日，赴贵村考察学习一天，请给予支持为谢。 　　　　　　　　　　××村党支部 　　　　　　　　　　××年×月×日	标题是由事由（赴××村学习考察）和文种（函）构成。 　　主送机关（受文单位）为"××村党支部"。 　　这是一篇典型的商洽函，首先点明发函的缘由，然后直接点明发函的目的，行文简洁，文字通顺，语气平和。 　　落款正确、规范。

思考与实践

一、拟写公文标题

1. 达成乡农村文化建设走在全市的前面，高乐乡政府办公室发文给达成乡政府办公室，告之高乐乡政府拟组织一个小组前去学习。

2. ××职院办公室发文给××公司办公室，商请数字媒体专业毕业生去公司实习的有关事项。

二、根据下面材料，请拟写去函和复函各一份。

××市苹果服装商场于 2013 年 1 月 8 日与××市春竹针织厂签订了一份供货合同：由××市春竹针织厂供应春竹牌运动服 1000 套，交货时间为 2013 年 6 月 5 日前。但是交货时间已过 10 天，针织厂的货仍未到。眼下正值销售旺季，所以××市苹果服装商场市场营销部决定发函，请厂方认真履行合同，迅速发货。接到来函后，春竹针织厂马上回函，说明已按时发货，请查收。

第五节　纪要

 案例导入

> 　　2016 年 6 月 18 日上午，桃花村党支部书记刘魁在村部会议室，主持召开了村"两委"工作会议，就村里的山林承包和村级公路修缮问题进行了研究讨论，并作出了具体的安排部署。
>
> 　　在农村的各项管理工作中，常常会通过会议来就某一问题形成共识。如是大中型会议或重要会议，会后一般都要形成会议纪要，以便传达会议精神和贯彻执行决定事项。

　　纪要即会议纪要，是党政机关、企事业单位和社会团体普遍适用的法定文种。它是在会议记录和会议文件基础上，择其要点加以归纳整理而成的。主要用于记载、传达会议情况和议定事项。

一、纪要的分类

　　纪要有多种分类方法，常见的有：

　　第一，根据其内容和功用的不同，可分为决议型纪要、部署型纪要、务虚型纪要等。

　　第二，根据性质的不同，可分为办公会议纪要和专项会议纪要等。

二、纪要的特点

1. 纪实性

　　会议纪要可以算是一种实录性公文，必须全面、准确、真实地反映会议的宗旨、会议基本情况及会议精神，传达会议议定的事项和形式的决议。

2. 概括性

会议纪要与会议记录不同，不是有言必录，而是要用比较精简的语言概括会议的基本情况、主要精神及议定事项，它是在会议记录的基础上有所综合、有所选择、有所强调。

3. 指导性

会议纪要是对会议精神和内容的准确记载，一经形成，不仅具有存查和备用的作用，同时，对有关单位或有关人员具有指导作用和约束力，必须遵照执行。

三、纪要的格式与写法

会议纪要一般由标题、成文日期、正文组成。

1. 标题

会议纪要的标题主要有两种形式。

其一，由会议名称和文种两个要素构成，如《××村村两委工作会议纪要》《县长办公会议纪要》；

其二，由会议主题加文种两个要素构成，如《关于加强录音录像管理座谈会的会议纪要》。

2. 成文日期

纪要的成文时间一般居中标注在标题下，并加圆括号。

3. 正文

正文一般包括前言、主体两个部分，有的还有结尾部分。

（1）前言

前言的写法与一般公文区别较大，主要介绍会议的基本情况，如时间、地点、主持人及与会人员、会议议题、背景、开会的形式等。

（2）主体

这是会议纪要的核心部分，着重写出会议的主要精神、会议讨论的意见、会议上各种主要观点及议定的事项等。多采用"会议认为""会议指出""会议提出"等作各层意思的开头语。如有多项意思，必须分条分项列写。

（3）结尾

结尾部分比较简短，一般包括提出希望、号召和贯彻会议精神的要求。全局性、综合性的会议纪要可写结尾部分；一般的会议纪要，主体部分写完，正文即自然结束，没有结尾部分。

四、纪要的写作要求

1. 实事求是

会议纪要必须忠实于会议内容，必须真实、准确地反映会议的真实情况和基本精神，不能把记录人员和起草人员的个人观点写进纪要，撰写者不能夹杂个人主观感情。

2. 突出重点

纪要贵在"要"上，要写出会议研究的中心问题和主要精神，不能面面俱到。但是会议解决的问题、议定的事项不能遗漏。

3. 方法得当

起草纪要的人员要亲自参加会议，并认真做好记录。写作前必须认真阅读、研究会议记录，吃透会议精神，然后对会议材料进行概括、综合、提炼，按会议精神和领导意图筛选材料，科学分析，围绕中心精心安排材料。

五、会议纪要与会议记录的区别

会议纪要和会议记录，都要反映会议的基本精神和会议的全过程，都必须尊重事实，以会议实际情况为依据。但是，会议纪要是在会议记录的基础上整理而成的。其不同之处主要表现在以下几方面：

1. 二者形成过程不同

会议纪要是在会议结束后，根据会议中心议题，对所有的会议材料进行综合整理后形成的；会议记录则是随着会议的进程进行的，会议结束，记录随之完毕，一般不需要进行综合整理。

2. 写法不同

会议纪要属于法定公文，必须按照公文格式撰写，一般要求概括地反映会议的主要内容、基本精神和议定事项；会议记录则无需按公文格式写，内容上只要求如实地记录会议进程及发言情况。

3. 作用不同

会议纪要对下级或会议所涉部门的工作具有指挥作用；会议记录是事务文本，不具有指挥功能，只是作为凭证或资料保存，以备查考。

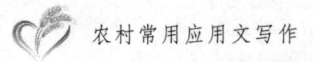 **例文与评析**

例　文	评　析
### ××村村"两委"工作会议纪要 （××年×月×日） 　　××年×月×日上午，××村党支部书记×××同志在村部会议室，主持召开村"两委"工作会议，对当前重点工作进行了研究部署，现纪要如下： 　　一、关于××路的修缮 　　因进入汛期，近日连降大雨，导致××路严重损坏，现部分路面已完全垮塌，严重影响了村民的正常出行和生产。会议决定，由×××同志负责联系人员和组织物料，在×月×日前修缮完毕。 　　二、关于蓄水池及管道的维修 　　因本村蓄水池及管道年久失修，现已出现多处损坏渗漏，导致村民不能正常用水，多次向村委会反映，要求尽快修复。会议决定，村集体出资×万元，由×××同志负责在×月底前完成维修补漏。 　　三、关于有关工作人员的任免 　　同意×××同志辞去村调解专干职务。另聘请×××同志为村调解专干，试用期为3个月。 　　四、关于村务宣传栏的布置 　　为加大村务公开和宣传力度，由×××同志牵头、×××同志配合，在"七一"前完成村务公开栏的策划，内容以党建为主题，围绕全村经济社会发展、民生公益及基础设施完善等工作开展宣传。 　　出席：×××　　×××　　××× 　　列席：×××　　×××　　××× 　　记录：×××	标题由会议名称（××村村"两委"工作会议）加文种（纪要）构成。 　　成文日期居中标注于标题下，并加圆括号。 　　正文的开头部分概述了会议概况，即交待会议召开的时间、地点、主持人等，并以"现纪要如下："过渡到主体部分；主体部分以议题为序，逐项写明会议内容，全面、具体地反映了会议集中讨论的四个问题及形成的意见。 　　整篇纪要逻辑顺畅、思路清晰、衔接自然、行文简约。

思考与实践

一、请阐述会议纪要与会议记录的区别有哪些。

二、请根据你所参与的一次会议的材料和会议记录撰写一份会议纪要。

第六节　计划与总结

案例导入

  大学毕业生小李刚参加工作不久，被乡政府派到宏丰村驻村锻炼。村支书老王安排小李写一份党建总结，小李向几位党员了解了活动开展的基本情况后提笔就写，洋洋洒洒写了几千字，将几个党员描述的形象描绘得活灵活现，同时也抒发了自己对党组织、党员活动重要性的认识，并对今后的党员活动提出了很多的建议和设想。结果支书老王看了以后，认为这不是工作总结。经过老王提醒后，小李查阅了党建工作的计划、支部活动的记录、上级党组织对党建活动的指导性文件，重新动笔撰写。

  在日常写作中，脱离工作计划进行总结是常见的毛病。这些作者忽略了很重要的一点：计划与总结存在对应关系，脱离计划的总结难以说明工作任务的落实完成情况。

  计划是为了在某一时间段内实现某项目标或任务而事先做的打算和安排。在日常工作中，计划具有协调统一各部门工作的作用，保证工作进度，使工作效果具有可预见性，便于检查和总结工作。

  总结是单位或个人对某项工作或对某一阶段工作进行回顾检查、分析评价，找出成绩与问题、经验与教训，用来指导今后工作的一种应用文体。

一、计划与总结的分类

（一）计划的分类

  计划是一个泛称的概念，常见的如"规划""纲要""方案""要点""安排""构想""预案"等都属于计划。计划从性质上可以分为综合工作计划与单项工作计划，前者如"白鹤乡 2014 年年度工作要点"，后者如"白鹤乡 2014 年计划生育工作计划"；从内容上可以分为工作计划、学习计划、培训计划、基建计划等；从表现方式上可以分为条文式计划、图表式计划等。

在这里我们了解一下计划、规划、纲要、方案、要点、安排这些名称的区别：

1. 计划

计划是打算安排类文章的总称，适用面较广。

2. 规划与纲要

规划与纲要都是一种时间较长、范围较广、内容较概括的计划，主要适用于长期发展计划，确定长期发展的目标、规模。如《中国妇女发展纲要》《质量发展纲要》《山西省民营经济"十一五"发展规划》《宏达公司十年发展规划》等。有时"规划"与"纲要"可以并用，如《南京市溧水区国民经济和社会发展第十三个五年规划纲要》《浦东新区周浦镇国民经济和社会发展第十二个五年规划纲要》。乡镇一级政府与企事业单位也可以使用"规划"与"纲要"来命名自己的长期工作计划，如《黄前镇十二五发展规划》。

3. 方案

方案是一种从目的、要求、方法措施和进度等方面做出全面而详细安排的计划，如《白鹤乡联合供水实施方案》《白鹤乡乡政府 2015 年度考核方案》《机关工作人员养老保险试行方案》。

4. 安排

安排是一种短期内内容较单一、任务明确、措施具体的计划，它是计划中最具体的一种，适用于设计某种活动或会议，如"白鹤乡春节值班安排""白鹤乡一季度会议安排"等。

5. 要点

要点是一种对一个时期工作提出指导原则和总的要求，内容较粗略的计划，如《2014 年度党政工作要点》。

（二）总结的分类

总结主要有两大类：一是专题总结；二是综合总结。

专题总结是对某一专项的工作或活动进行经验或教训总结。专题总结的特点是内容单一、集中，有较强的针对性和指导性，经常被用来作为传播经验的载体。综合总结是比较全面系统地对单位或个人某一时间段的工作进行全面总结。我们经常接触到的综合总结有部门年度工作总结、个人年度总结、任职总结。这类总结要求在反映工作的全貌的同时突出重点。

二、计划与总结的特点

（一）计划的特点

1. 指导性

计划是为了顺利完成任务或达到预期目标而制订的实施方案，因此计划本身必然具有指导工作实施开展的特性。计划的指导性一是体现为依据当时当地的客观实际和上级部门的工作部署要求；二是体现为为未来工作提出科学合理、具体可行的工作目标、步骤、措施。

2. 预见性

计划一般都将目标、指标分解，时间分段，分步骤地完成各项指标，最终达到完成预期目标的目的。所以，制订计划时要充分预测能够达到的目标、可能遇到的情况和问题，并考虑到解决问题的措施。

3. 可行性

计划必须符合实际情况切实可行，必须有明确的实行措施和步骤作为保障，使其能够指导具体的工作实践。因此在制订计划的时候必须要量力而行，切忌好高骛远，制订不切实际的高标准、高要求计划，避免使计划最后流于形式，成为一纸空文。

（二）总结的特点

1. 理论性

总结是对以往工作的归纳分析，是一种建立在事实基础上的理性分析，需要在众多的事项中归纳成功的规律和失败的教训。缺少理论认识的总结只能是一些无关联事项的堆积，不能揭示出工作中的规律与本质。因此，在表述上，总结多用概述说理。

2. 客观性

总结不是纯粹的议论文，它以客观事实为依据，不允许虚构和编造。要实事求是，如实反映情况，恰当评价工作，所做的结论合乎客观实际情况。因此一篇好的总结必然是建立在大量的事实材料、精确的数据的基础上。

3. 概括性

总结不同于工作日记，总结要选择有代表性、典型性的事项来反映工作的成绩与问题。这需要撰写者能够从纷繁的工作事项中找到反映工作本质的"主线"，提纲挈领，用有代表性的数据、典型的事例展现工作全貌。

4. 对应性

总结是对已经完成工作的归纳分析，因此总结与计划是相对呼应的。撰写总结时有必要对照工作计划，以便了解工作完成情况。

三、计划、总结的格式与写法

（一）计划的格式与写法

从表现形式来看，计划有条文式与图表式两种类型。图表式主要以表格的形式安排工作，一般具备时间、工作内容、人员、工作要求等要素，按照时间顺序安排工作。最常见的图表式工作计划是会议议程安排。

对于以文字形式体现的工作计划，一般格式与写法如下：

（1）标题

规范的标题是全结构标题，由单位名称、时间期限、事由、文种四个要素组成，如"白鹤乡 2014 年计划生育工作计划"。

但是在具体实施过程中，由于很多计划只在单位内部流通，或者使用了带有单位名称的红头文件纸，于是出现了很多省略结构的标题，如"2014 年第一季度生产计划""教学工作计划""政治学习计划"等。

（2）正文

正文是计划的主体部分，计划的实施目标、步骤、标准和要求等主要内容都在正文之中。其主要内容有引言、主体、结尾三个方面。

引言部分主要是概述制订计划的指导思想、目的、总的任务、意义等。这部分重在说明"制订计划的目的与意义""制订计划的依据"这两个问题，应写得简明扼要。

主体部分是计划的核心，也是计划的具体事项，要重点说明工作目标（做什么）、措施（怎么做）、步骤（分几步做）和时限（何时完成）、效果（达到何种标准）。主体部分应采用分类列项的方法写作，既要全面周到，又要力求具体明确，层次清楚。

结尾一般表明工作态度，发起号召。可以略写或不写。

（3）落款

文末要署名和写上日期，日期应用阿拉伯数字书写，如"2015 年 8 月 25 日"。

还有一些较为特殊的计划，在要素上稍有区别，这里做一些介绍：

（1）应急预案的格式与写法

应急预案是提前制定的在综合性的事故发生时各项工作的实施方案，这类预案详细描述了事故发生前、事故过程中和事故后各项工作的具体实施程序。

政府机构编制重大事故应急预案可根据 2004 年国务院办公厅发布的《国

务院有关部门和单位制定和修订突发公共事件应急预案框架指南》进行编制。应急预案主要内容应包括：

①总则：说明编制预案的目的、工作原则、编制依据、适用范围等。

②组织指挥体系及职责：明确各组织机构的职责、权利和义务，以突发事故应急响应全过程为主线，明确事故发生、报警、响应、结束、善后处理处置等环节的主管部门与协作部门；以应急准备及保障机构为支线，明确各参与部门的职责。

③预警和预防机制：包括信息监测与报告、预警预防行动、预警支持系统、预警级别及发布。

④应急响应：包括分级响应程序（原则上按一般、较大、重大、特别重大四级启动相应预案），信息共享和处理，通信，指挥和协调，紧急处置，应急人员的安全防护，群众的安全防护，社会力量动员与参与，事故调查分析、检测与后果评估，新闻报道，应急结束等十一个要素。

⑤后期处置：包括善后处置、社会救助、保险、事故调查报告和经验教训总结及改进建议。

⑥保障措施：包括通信与信息保障，应急支援与装备保障，技术储备与保障，宣传、培训和演习，监督检查等。

一般的企事业单位编制应急预案在以上的基础上可以稍作调整，总体思路是预案要明确以下问题：①负责组织的机构或人员；②发生事故时，参与各项工作的部门或人员；③人员具体分工；④发生事故时的施救程序；⑤应急的物资与设备；⑥哪种情况启动应急措施；⑦日常的训练与预防；⑧奖惩措施。

（2）培训计划的格式与写法

培训计划一般包含标题、前言、正文、结尾四个部分。

①培训计划的标题一般采用包括单位、时间、事由、文种四要素的全结构方式来拟写，如"大华机械集团 2015 年度员工培训计划""2011 年白鹤乡青年农民劳动力转移技能培训计划"。

②前言部分主要说明培训的依据、目的或者原因。

③正文部分主要逐项介绍培训的具体目标、培训的对象、培训安排的方式与内容、培训的师资、培训的地点与设施、培训的考核方式、培训费用等。

④结尾部分一般用来表明态度与希望，也可以省略不写。

和培训计划相近的是培训实施方案，培训实施方案的结构与培训计划相近，但主要针对某一段时间内的培训进行工作安排，而且工作安排更为细致。

（3）纲要与规划的写法

纲要、规划的格式与工作计划相同，但是在写法上稍有差别：

①纲要与规划一般会用一定篇幅来阐释说明此项工作的重大意义。

②纲要会用一定篇幅来总结回顾前一段工作的成绩与问题。

③纲要在主体部分会逐条列出具体的目标以及具体的工作要求与措施。

（二）总结的格式与写法

在格式上，总结有标题、正文、落款三个部分。

1. 标题

标题有两类写法，一类是公文式标题，另一类是文章式标题。公文式标题主要按照公文全结构标题（包含单位、时间、事项、文种四要素）的格式来拟写，如"宏达公司 2015 年财务工作总结""白鹤乡 2015 年综合治理工作总结"。因为很多总结只在单位内部流通或者只当面呈报给上级，所以在日常工作中还会出现一些省略式的公文标题，如"年度工作总结""2015 年个人工作总结"等。文章式标题一般都会点明主旨，有的使用单标题，如"我们是如何做好土地流转推进工作的""科学管理是企业发展的关键"；有些使用双标题，正题点明中心；副题和"公文式"标题格式相似；如"抓改革促管理增效益——××商业集团 2015 年工作总结"。

标题的拟写方式、表达方式与正文部分的内容、结构密切相关，尤其是文章式的标题，要么点明主题，要么提出问题，主体部分的结构与涉及的内容也会随之变化。如果标题是"科学管理是企业发展的关键""抓改革促管理增效益——××商业集团 2015 年工作总结"这种已经点明主旨的，正文部分就要围绕这一主旨，结合工作进行阐述；如果标题是"我们是如何做好土地流转推进工作的"这类提问式的，正文部分则要以解答这个问题为主线来组织材料。

2. 正文部分

总结的正文一般分为前言、主体、结尾三部分。

前言部分主要概述工作的基本情况、开展工作的背景和取得的工作成果与基本评价等，给读者一个总体印象，同时也为主体部分的展开做好铺垫。写作时应力求简洁，开宗明义，不宜过长过细。需要注意的是在前言部分展示成绩、肯定本部门或个人工作业绩的时候，不能忽略上级领导、其他部门、同行对部门和个人的支持协助。

主体部分展现总结的核心内容，通常包含了"开展的工作""采取的措施""取得的成绩""获得的经验""发现存在的不足及今后的努力方向"这几个方面的内容。当然，对于经验总结（经验材料）来说，重点落在前四项内容，对于存在的不足及今后的努力方向涉及较少。

主体部分的结构主要有两种：一种是纵式结构，即各个二级标题之间是递进关系，文章按照工作开展的先后阶段逐一总结归纳，这类结构比较适合专项工作总结使用；另一种结构是横式结构，即各个二级标题之间是并列关系，在某个大的主题下将不同性质的工作分类总结归纳，这种结构适合综合性总结。

结尾部分或概述全文，或提出努力方向，或表示决心、信心等。写这部分时，可针对存在的问题提出下一步改进工作的设想、安排。当然，也可以不写结尾，将主体内容写完即收尾。

3. 落款

可在正文右下方署名和注明日期，也可在标题之下署名。

在撰写总结的过程中，还需要注意以下几点：

①总结不是简单罗列事实，需要在综合的基础上，通过分析、概括、提炼、归纳出几个专门问题，也就是通常所说的经验和体会。

②总结是一种高度概括、提炼的文字材料，对事实、情况的直接叙述只占较少部分，而且是概括性的，较多使用的是议论和说明性文字。

③总结的价值在于能够回答和解决本单位、本部门业务工作上的关键问题，能够推动和指导全局工作，对同类工作或业务工作具有普遍指导意义。

④总结的篇幅及侧重点会因为用途不同而发生变化。同一项工作的总结，如果是用于报刊投稿，推广已经获得的经验，那么篇幅不宜过长，重点是归纳成功的经验、得力的措施；如果是向上级单位汇报工作，就应结合全局工作的重心来写，侧重于贯彻落实上级部门的工作要求，在介绍工作的总体情况的基础上充分展示工作中独特的亮点；如果所写的总结是面向本单位全体员工的，就应全面、具体，在肯定成绩的同时更要归纳分析存在的问题。

例文与评析

【例文一】

例　文	评　析
××村委会××××年工作计划 　　××××年，村委会将在镇党委、政府村党支部的领导下，班子成员坚定政治立场，发挥团结互助精神，统一思想，积极进取，勤政廉政，提高工作办事效率，落实各项任务，为村民办好事、做实事。具体抓好以下六个方面的工作：	标题规范，为全结构标题，由单位名称、时间期限、事由、文种组成。 　　引言部分概述了村委会一年的指导思想，提出重点抓好六个

续表

例　文	评　析
一、认真学习贯彻党的路线方针政策和完成上级下达的各项任务。按照"生产发展、生活宽裕、乡风文明、村容整洁、管理民主"的要求，制定总体规划，加快推进新农村建设。 　　二、以经济建设为中心，不断优化全村经济结构，增加农民收入。继续搞好农业发展，巩固养殖业，扩大种植业，发动群众大规模种植蔬菜、食用菌，对外引进订单农业。发动种植各种蔬菜 400 亩，蘑菇 8 000 平方米；大力发展养殖业，养猪 25 000 头，养鸡 7 000 只。 　　三、巩固计划生育工作的基础，稳定低生育水平，依法做好计划生育工作。落实人口和计划生育工作目标管理责任制，村责任人分工包干，认真兑现奖惩。创建计划生育合格村和合格村协会。 　　四、抓好安全生产工作，加强综合治理和精神文明建设。利用多种形式加强对"平安××"建设宣传力度，对村民普遍开展法律法规教育，加强对野外用火的监督管理，防范森林火灾。加强对厂房及邻街店面"三合一"整治，创建文明、和谐××村。 　　五、加强土地管理制度。严禁违规建房，对土地"两违"加强管理监督，对违章建设坚持依法治理。 　　六、抓好五件为民办实事工作。一是建设一个排污处理系统处理全村污水，在××河新建一个长约 70 米的橡胶坝，通过招商引资建设一座休闲山庄。二是投资 5 万元，在村主要道路上安装安全护栏及架设太阳能路灯。三是继续抓好裸房整治，督促业主外装修，美化村里环境。四是投资 30 万元，拓宽自然村水泥路。五是投资 5 万元，维护水渠基岸 1 000 米。 　　　　　　　　　　　　　　　　　　××村委会 　　　　　　　　　　　　　　　　20××年×月×日	方面的工作，语言简洁凝练。 　　主体部分采用并列式结构，条理清晰。从六个方面列出全年要做的工作，其中"经济建设"和"为民办实事"这两部分能够将工作目标和措施相结合，并用数字量化工作举措，使计划具有务实的风格。当然，这份计划其他几个部分只提出了要求与目标，在实施措施上还需要加以充实。 　　拟写工作计划要善于将工作归类，切忌逐一罗列写成流水账。这份工作计划第六个部分就将五项工作归纳为"为民办实事工作"，值得肯定。

【例文二】

例　文	评　析
××村"两委"××××年工作总结 　　××××年，村"两委"在××镇党委、政府的正确领导下，积极进取，开拓创新，扎实工作，较好地完成了年初制订的工作任务计划，取得了显著的成效。今年全村集体经济收入达到 165 万元、村民人均年纯收入达到 8 500 元，分别比上年增长 25％、11％。现将一年来的工作总结如下： 　　1. 大力招商引资，积极发展村集体经济 　　拓宽招商引资思路，完善招商引资奖励办法，发掘自身资源优势，大力支持和引导村民生产，调整产业结构，发动富余劳动力外出从事工厂企业、建筑行业、摩托车搭客运输业的工作，增加各户的经济收入，加大招商引资力度，推进全村的集体经济发展。通过努力，今年我们已成功引进了 4 个工业项目，总投资额达××××多万元人民币，其中 3 个项目已正式动工建设。此外，已与总投资达×个亿、占地××万平方米的××集团项目签订投资合同，该项目的落户建成将使我村工业发展上一个新的台阶。 　　2. 多方筹集资金，加大基础设施建设力度 　　我村筹集了 30 多万元饮水工程资金，为两个村民小组安装了自来水，解决了 200 多名村民群众的饮水难问题。筹集了 6 万多元村道维修资金，抓好村道维修工作，较好地解决了村民群众的行路难问题，确保了村民群众正常的生产生活秩序。争取到区交通部门的大力支持，开通了县城到村里的公交车路线，方便了群众出行。 　　3. 圆满完成村级换届选举工作 　　一批素质好、作风好、乐于奉献、热心为民服务的优秀人才选进村领导班子，村"两委"班子通过调整得到充实。由于充分发动群众、教育群众，大力宣传换届工作得到群众的大力支持和配合，整个选举过程依法依规、风清气正。 　　4. 加强计划生育管理 　　集中抓好计划生育经常性管理工作，做好每季度孕龄妇女查环查孕、开展集中服务活动、外来流动人口统一清查验证和日常管理工作等。今年，全村一孩出生 5 例、上环 4 例、共完	标题规范，系全结构标题。 　　本文采用了写总结的常见写法。一开篇概述了全年工作情况，并用两个反映发展变化的重要数据说明了全年工作取得的显著成绩，再从八个方面总结了全年的工作。 　　在发展经济方面，先写村两委的思路、举措，再以成功引进 4 个工业项目以说明工作成效，逻辑严密。 　　以通自来水、修路、通公交车三项有代表性的事例说明加大基础设施建设有成效。在写法上属于以点代面。 　　通过统计数据、获得表彰来说明加强计划生育管理工作取得的成效。

续表

例　文	评　析
成"四术"任务 10 例，出生率 2.98‰，计划生育率达到 100%，人口自然增长率下降 0.6‰，被评为先进村、合格村。 　　5.强化社会治安综合治理工作（略） 　　6.推动富余劳动力转移就业（略） 　　7.加强村级制度建设（略） 　　8.抓好文化教育事业工作（略）	
一年来，村里各项工作取得了长足的进步，群众比较满意。但我们也看到，还存在一些不足，主要是：仍有一些村民小组存在饮水难问题，饮水工程资金缺口较大，筹资难度大；本村的非法养猪场数量过多，造成了严重的环境污染；本村富余劳动力素质偏低，缺乏就业技能和竞争力，就业渠道不广，转移就业困难；村、组集体经济发展缓慢，村里的财力还很薄弱。对于这些问题，我们将引起高度重视，在明年的工作中加以解决。 　　　　　　　　　　　　　　　　　　××村委会 　　　　　　　　　　　　　　　　20××年×月×日	在文章的最后，总结了工作中存在的不足与问题，并表明了对待这些问题的态度。全文结构完整。

思考与实践

一、白鹤乡宏丰村李大雷接到任务，要拟写一份年度村支部政治理论学习计划，请你代为拟写一份初稿。

二、下面是一份来自某县政务信息公开网的工作计划，请你评价一下它在结构行文上还存在什么问题，应该怎样修改。

××县国税局 2015 年工作计划

2015 年，我局将严格按照市局的统一部署和县委、县政府的工作要求，紧紧围绕中心工作，坚持收好税、服好务、执好法、带好队，努力推动国税各项工作再上新台阶。初步安排如下：

（1）大力组织税收收入

继续要求税源管理部门按月组织收入预测和分析，把握应征税收变化规律，提高税收预测的准确性。通过专题调研、跟踪服务、提前预警、及早介入等手段预防企业走逃现象，化解欠税风险，在关注收入总量的同时，更加注重税收收入质量和增长方式的转变，不断优化收入结构。

（2）全力做好"三个服务"

牢固树立大局意识，严格落实税收政策，自觉融入地方经济发展大局。注重征纳交流，倾听纳税人意见，进一步完善"同城通办""网上办税"和"限时审批"业务，继续创新服务举措，为纳税人提供优质服务。启动县局办公楼维修改造工程，更新办税办公设施，完善办税服务厅（室）功能。继续加大基层建设投入力度，科学设计，合理规划，因地制宜，建设好农村分局。

（3）不断规范税收执法

全面推进依法行政，认真落实组织收入原则。按照上级局的统一部署，继续做好"营改增"扩围工作。深入推进税收执法责任制，加强对税务行政处罚自由裁量权的监督检查。强化稽查打击力度，建立和完善打击发票违法犯罪活动长效机制。深化内控机制建设，注重风险防控。

（4）继续加强队伍建设。强化领导班子建设，发挥好领导班子战斗堡垒和先锋模范作用。加大干部轮岗力度，严格按照相关规定，积极、稳妥地推进干部轮岗交流工作。加大教育培训工作力度，改进培训方式，丰富培训内容，培养专业型国税人才，力争在省局能手竞赛上有更大的突破。加强党风廉政建设，加大税收执法监察和问责问效工作力度。巩固绩效管理成果，积极推进个人绩效，不断加强执行力建设和机关效能建设。

三、请根据总结的标题拟写总结的前言部分。

1.××市 2015 年政务公开政务服务工作总结。

2.五松镇 2015 年综治维稳工作总结。

3.2015 年××县就业技能培训工作总结。

4.五松镇关工委 2015 年工作总结。

5.胥坝乡 2015 年秋季动物防疫工作总结。

四、导入案例中为什么村支书老王认为小李的初稿不是党员活动总结？

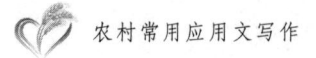

第七节 调查报告

　　为了发展生态农业，李大雷通过座谈、问卷、查询资料，走访农科所，结合宏丰村的地理位置以及种植传统，整理相关数据后，写成了《关于宏丰村种植业现状的调查报告》。调查报告认为宏丰村毗邻市区，交通便利，具有发展成为有机蔬菜培育基地的可能，但目前还存在规模小、品种少，农民缺少技术指导、担心销售等问题，需要乡镇的大力支持。在经过村支"两委"讨论后，李大雷向上级部门提交了给予宏丰村有机蔬菜基地经费支持的请示，原调查报告作为附件提交。

　　在日常工作中，一份好的调查报告可以反映真实情况，起到辅助科学决策、推动工作的作用。

　　调查报告，是对某一事物、某项工作或某个问题进行深入细致的实际调查研究，并经过分析综合后形成明确观点、反映事件真相的书面文字材料。

　　调查报告能够比较全面、系统、深入地认识事物、发现问题、分析研究并解决问题，为决策提供相关的依据和参考，从而推动工作的开展。

　　调查报告以进行调查为起点。只有深入实践调查，才能了解真实情况，获得第一手资料。在进行调查时，经常使用的方法有实地考察、走访、座谈、抽样问卷、查找文献档案、咨询专家等。

　　同时，还需要在调查的基础上收集、整理、分析数据。对数据的整理分析是为了从宏观上了解事物、工作或者事件的内在规律与发展趋势。通过数据分析，可以找出影响事物的具体要素。如导入案例中的宏丰村村官李大雷外出调查有机蔬菜培育基地，就要考虑到地理位置、气候条件、交通运输、消费能力、土壤植被、农民参与意愿等因素，在调查中就要针对以上因素进行重点调查。

　　调查报告的目的是了解事情真相，掌握事务规律，以便推动工作发展，因此，调查报告一般都会在得出一个明确的观点或者结论后，提出一些推动工作的建议，而不是简单的记叙描写。

一、调查报告的分类

作为工作中经常使用的文体，调查报告具有多种表现形态。从广义的角度来讲，如"调查""调查汇报""考察报告"以及"调研报告"，均属调查报告。

根据调查对象的特点，调查报告大体上可以分为四种类型：

1. 基本情况的调查报告

针对某一工作或某一领域的情况，对其历史与现状进行调查。根据调查结果对当前工作情况做出正确的分析与判断，从而为上级或部门掌握情况、研究问题、制定下一步工作的方针政策提供重要材料和事实依据。如《平顶山市周边农村留守儿童生活现状调查报告》《2015年我区部分小微工业企业生产经营情况调查报告》等。又如本节例文《对××村经济社会发展情况的调查报告》，分析了该村目前主要存在的问题，找出脱贫的路径，这一类就属于基本情况的调查报告。

2. 典型经验的调查报告

这一类调查报告侧重于总结具有普遍意义、指导意义的典型经验。一般是上级部门安排人员对下属企业、单位的优秀事迹、突出成绩进行调查，找出取得这些优异成绩的经验与规律，以便其他单位或地区学习，从而起到推广先进经验的作用。这类调查在写作中，必须归纳出先进经验的产生过程、具体做法和实际效果，给人启发收获。

3. 查实问题的调查报告

这一类调查报告有两种情况：一种是针对生产事故、交通事故或工作失职造成巨大生命财产损失等已经发生的问题进行调查，还原事故发生的过程，分析事故发生的原因，判断其性质，并以此为戒，找出防范措施，杜绝类似事故、事件再次发生。如《关于××村私吞救灾扶贫款项事件的调查报告》《关于××煤矿"3·19"特大生产安全事故的调查报告》。另一种是针对工作中存在的问题开展的调查，侧重反映某些机关单位或者区域内存在的某些问题、不良倾向，以便引起有关领导部门的注意，采取有效方法给予解决。如《关于"空心村"的调查报告》向上级部门反映农民大量外出务工、进城定居，导致村里农田荒废、房屋闲置。

4. 分析预测的调查报告

这一类调查报告主要表现为市场调查报告，即根据对相关要素的分析，对产品市场的未来走向进行分析，如《平江县房地产市场形势发展调研报告》。作者在对全县房地产市场现状、存在的问题等情况进行调研的基础上，预测"今后几年平江县仅居民住房每年就将具有超过 20 万平方米的需求，同时，如果能充分运用收入、发展等因素刺激商品房消费，再加上配套的办公、经营等场所建设，今年房地产业发展规模有望达到 100 万平方米。"（原文 2014 年 4 月 3 日刊于岳阳统计信息网）

二、调查报告的特点

1. 真实性

调查报告的价值在于用事实说话，反映真实的情况，因而要以事实为基础。这要求调查者要深入采访，实地观察，通过现象抓住事物的本质。在写作中要通过能够反映事物本质的事例反映情况、揭露问题，提出解决问题的对策和建议。因此调查报告要注意调查对象的代表性与多样性；在数据分析上要充分利用归纳、比较的方法；写作中要列出确凿的事实，真实准确的背景，精确的数据，而不应夹杂有任何虚构、臆测的成分。

2. 针对性

撰写调查报告，是为了发现问题、解决问题，因此调查报告要有很强的针对性。要增强调查报告的针对性，就需要作者关注发现当前迫切需要解决的问题、社会热点问题、群众普遍关心的问题。

在具体实施过程中，调查者可以根据上级部门的工作要求、工作计划开展调研；也可以通过实地考察、走访交谈，发现广大农民朋友普遍关心的问题；还可以在新的政策出台后，及时跟进，发现在政策落地实施过程中存在的问题，对涌现出来的先进事迹或者优秀业绩，要善于捕捉寻找其中带有规律性、普遍指导意义的典型经验，以利于推广。

3. 典型性

调查报告呈现的材料、内容必须是典型的，有代表性的，以便从中探索事物的发展规律，寻求化解矛盾的办法，以点带面，推动工作。同时，在建议或对策部分，调查还须针对事实来提出作者的见解，分析事物产生的原因，拿出可行的解决方案。

三、调查报告的格式与写法

调查报告一般包含有标题、署名、引言、主体与结尾五个部分。

1. 标题

调查报告的标题有两种写法。

一是公文式标题，即按照公文标题的结构（包含事由、文种）来拟定，一般写成"关于××事项的调查报告"，如《关于进城务工农民子女受教育状况的调查报告》《关于白鹤乡安置三峡移民情况的调查报告》《凤阳县考城公社体制改革情况调查》等。这种写法的优点是在标题这一环节点明了调查报告调查的事项、范围，明白晓畅。

二是文章式标题。这类写法省略了文种"调查报告"，有的代之以"调查与思考""调查与分析"，如《关于我乡失地农民就业与社会保障问题的调查与思考》《对于××乡土地流转情况的分析与思考》；有的则以研究性文章的面貌出现，如《××乡群众群体性事件的现状、成因与对策》《乡村教师流失不容忽视》《治治村民小组长的"五偏病"》等。

在文章式标题中，还有一种双标题，即一主一副两个标题。主标题概括调查报告的主要内容，点明论点或提出问题，副标题写明调查的对象和范围。如《公开招标，势在必行——××县商贸企业公司公开招聘经理的调查》《柑橘产业路在何方？——我县柑橘产业的现状及发展途径》《还我山清水秀——××乡环境保护亟待加强》《生育观念的大转变——××地区计划生育调查》《昔日荒山变绿洲——××县绿化山区的调查》，这些标题既高度概括又明确具体地反映了调查报告的主题。

文章式标题的优点很多，首先，它通过标题就能体现作者的态度观点。其次，在具体的写作过程中，由于副标题承担了说明调查的对象和范围的作用，因此主标题可以有多种表现手法，如《一群手持金钥匙的人——××中学教师队伍调查》就是使用比喻句作为主标题。

2. 署名

调查报告一律要求署名。无论是以单位的名义进行调查，还是以个人的名义进行调查，都应署名，在加强了调查者的责任感的同时，也给读者以真实感。

有两个地方可以署名，一是标题之下、正文之上；二是调查报告的尾端。

3. 引言

引言是指正文的第一部分，主要是用来介绍调查的基本情况，一般包括以下内容：

其一，调查的根据，即是否根据上级部门指派或者文件要求、工作需要；

其二，调查的目的，即是为了解决什么问题或者了解什么情况；

其三，调查的范围，即调查的时间、地点；

其四，调查的手段与方法，即通过何种途径来收集信息，获得资料；

其五，调查的主要结论与观点。

需要注意的是，第一项主要表明调查活动的合理合法性；第二项重在表明调查工作的重要性或急迫性；第三、四项重在体现调查的真实可靠性。引言一般用概述性语言进行陈述。

在具体的写作过程中，出于调查对象的不同，以上几项内容会有所调整。

如果是针对事故进行的调查，引言部分一般会增加一项内容介绍事故发生的大体情况，如时间、地点，造成的人员财产损失以及事故发生后当地政府的处置情况，如《沪昆高速湖南邵阳段"7·19"特别重大道路交通危化品爆燃事故调查报告》的引言部分。

4. 主体部分

调查报告的重点是主体部分，主体包括对调查事实和基本情况的介绍，对调查资料的理性分析，以及最终得出的结论、措施或建议，也可附加相关研究材料。这是充分体现调查报告价值和质量的核心部分，其写作的基本思路是"现状""存在的问题或经验""解决问题或推广经验的措施"。这种思路一般被称为三段式，三段式的基本结构是：

（1）概述基本情况

这部分要在引言概述的基础上具体写明调查的时间、地点、人物、数据及事件的起因、发展、经过和结果等。如果引言已经介绍过以上内容，则可以分类概述，注意要尽可能地运用典型事例、数据，以增强报告的说服力与直观性。

（2）事实分析与问题分析

这部分在现状概述的基础上运用夹叙夹议的写作手法对调查事实进行分析归纳，得出经验教训，说明原因和影响。

（3）归纳结论

这部分是调查报告的目的所在，经过上述叙述和分析，针对发现的问题或经验，提出改善或者推广的措施建议。

在具体的写作过程中，主体部分的结构会根据调查的内容以及作者的观点呈现出不同的面貌，有时会因为要刊载在新闻媒体上，受版面限制会做大的调整。

三段式的结构一般适用于对单一问题的调查报告。

除了三段式结构外，还有以下几种结构：

（1）横式结构法

即并列式，按照事物性质归类并列地从几个方面来写。可加小标题分别阐述，即把要介绍的经验、反映的情况或揭露的问题归纳为几个要点，分条列项加以详述，使主体结构清晰，主旨突出。一般用于基本情况的调查报告。

（2）纵式结构法

即按事情发生发展的先后顺序或事物间的逻辑关系安排材料，分成互相衔接的几个部分，层层分析，说明问题，从发展过程和前后变化中探寻本质规律。这样写，前因后果一目了然，逻辑性强。典型（正面典型或反面典型）调查的写作往往采用这种结构形式。

（3）因果式结构

因果式结构的调查报告往往有两种情形：一是先把调查的内容（事物产生、发展和演变的原因）写出来，再进行分析和研究，得出结论（结果）；二是先把调查研究的结果写出来，再阐述形成这一结果的原因。

5. 结尾

调查报告的结尾没有统一的要求，可以根据具体内容的不同，采取多种多样的写法：或总结全文的基本主旨；或提出问题，引起思考；或展望未来，发出号召。如果前文没有详细论述解决问题的办法或者缺少具体措施，那么在结尾部分可以简略提出解决问题的方法、对策，也可以提出下一步改进工作的建议。

在调查报告的撰写过程中，还需要注意以下几点：

第一，调查报告不同于工作总结。调查报告往往是上级机关从全局出发选点，在进行深入调查的基础上写成的，一般采用第三人称表述；而且专题性较强，尤其强调突出重点，通常是集中一点，回答并解决一两个实际问题。而工作总结要求从全局出发，总结本机关或单位的工作，目的在于回顾过去，总结经验教训，找出差距，分析原因，提出改进措施，以利再战，内容比较全面、系统，而且一般采用第一人称进行表述。

第二，调查报告的写作要充分运用数据、具体典型事例来进行分析说明，其本质是以事实说服人。因此，写作调查报告时，陈述事实应占到整个篇幅70％以上，涉的人物和事件要绝对真实，事件发生的时间、地点、过程、细节等也要绝对真实，不可把臆想和推理当成事实。作者的观点和结论，也必须是建立在大量事实材料的基础之上，这样才有说服力和可信度。

第三，调查报告中主体中的"解决问题或推广经验的措施"这一部分可详可略，主要由上级领导、部门布置工作的意图或者作者的写作目的决定。

例文与评析

【例文一】

例　文	评　析
对××村经济社会发展情况的调查报告 ××村党支部第一书记×××	标题结构为"事由＋文种"，系公文式标题。
按照县委统一要求，我到××镇××村担任了村党组织第一书记。驻村任职以后，按照县委要求，我深入调查研究，通过与村"两委"班子座谈、实地察看村情、听取群众意见、走访党员代表和村民代表等形式，基本掌握了本村经济社会发展整体现状。	引言部分说明了调查的缘由、依据以及调查的方法。
一、××村现状 　　1.村情概况。××村，位于××县西部，距××镇政府驻地3公里。全村总人口×××人，党员××名，低保户××户，全村共有土地××亩，人均2.5亩。1987年5月，在水利部门扶持下，村组织人员打井1眼，使周围70亩地旱涝保收。2001年3月，引进种植绿化苗木的××集团公司，使全村剩余劳动力得到安置。2002年5月，镇政府投资，为村里建拦水坝1座，可储水2万立方米，有力地改善了村生态和水浇条件。2003年3月，引进占地200亩的黄金梨种植项目，对村产业结构调整产生积极带动作用。	这是一篇基本情况调查报告。本文首先需要对调查对象基本情况（地理位置、人口、经济等）进行概述。在"村情概况"中，作者使用数据直观展示了该村的基本情况，介绍了近年对村里影响较大的项目，从而让读者对该村有一个清晰的整体认识。
2.经济发展情况。第一产业：主要以种植小麦、玉米、花生、薯类、蔬菜为主。养殖业主要有养殖牛、羊、猪、鸡等。第二产业：主要有电锯两户，专搞木制品生产。第三产业：运输车四台，油坊加工一户，豆腐生产一户。农民收入主要依靠种养殖和到企业务工。村庄集体经济收入匮乏，主要依靠部分集体土地租赁收入。自改革开放以来，随着村民经济意识的提高，种植结构发生了很大变化，由单纯的粮食作物种植，转变为粮食和经济作物的种植，且经济作物占到一定比重。主要经济作物有辣椒、马铃薯等，使村经济收入有了很大提高。近年来养殖业又成为种植业之后的一个主导产业，养猪、养羊、养牛业快速发展，其收入已超过种植业的收入。	作者采用分类概述的方法介绍该村的经济发展状况。将琐碎的信息归类，条理清晰。
3.社会事业发展情况。随着国家土地政策的进一步完善，	

续表

例　文	评　析
农民对土地的投资信心增加，产量年年增长，从 1987 年的人均 200 公斤，增加到现在的 800 公斤，人均收入也由 1987 年的 800 元，增加到现在的 9 868 元。全村 80% 的家庭有电话，电视拥有率达 90%。通过统一规划，村民的居住条件和生活环境有了极大的改善。 　　二、××村发展的优势和劣势 　　1. 发展优势。主要是三个方面。一是民情优势。××村民风淳朴，村民民主法制观念较强。群众求富心切，都在积极寻找门路，力求尽快走出贫困，因而易于引导。经过近几年农业综合开发、土地流转等措施，群众的生产、生活观念有了很大转变，容易接受新生事物，创新意识明显提高。二是区位交通优势。距镇政府驻地近，区位优势较为明显，具有良好的第二、三产业流通基础。三是资源优势。水资源丰富，有大口井一眼、拦河坝一座，可储水 2 万立方米；村里生态环境优美，风光秀丽，空气清新，具有丰富的自然景观与生态旅游观光农业基础。 　　2. 发展的劣势。一是经济发展基础十分薄弱。××村属丘陵地貌，地势起伏落差较大，对农业规模化生产经营带来一定困难；没有主导经济产业和支柱产业，农业生产总体上还是粗放生产，尚未形成规模效应和集约效应；村集体自身没有经济实体，主要依赖政府过日子，拿不出资金进行投资，正常工作运转也有很大的困难。二是基础设施建设严重滞后。农田排灌设施老化，村里没有预留建设用地，全部是基本农田，严重制约了村庄发展空间。三是人才资源匮乏。村民受教育程度普遍偏低，缺乏接受新事物、学习使用新科技的能力；剩余劳动力没有经过相应技能培训，具有一技之长的人较少；本地具备一定文化水平的村民，基本上离开家乡，很难留在本地创业。四是基层组织建设有待加强。村干部大部分从事农业生产，服务能力不强；党员平均年龄偏大，文化程度低。多数农村党员、干部思想僵化，个别党员干部奉献意识不强，遇事不够积极主动。 　　三、下一步工作思路 　　坚持因地制宜、分步实施的原则，以构建富裕和谐农村为目标，以增加农民收入为根本，以加强村党组织领导班子为重点，以改善基础设施建设、创新经济发展模式为手段，全力促	作者选择用典型数据（粮食产量、人均收入、电话电视的普及率）来体现该村社会事业发展情况。这些数据客观而生动地反映了村民的生活水平的变化。 　　调查的目的是为了发现问题或经验，从而推动下一步的工作。经过调查，作者归纳出三个方面的发展优势与四个方面的劣势。在四个方面的劣势的描述中，遵循由物及人、由客观到主观的次序，既反映了作者对这一问题进行过深入思考，也符合读者阅读心理。 　　作者用相同结构的排比句来归纳"下一步工作思路"，音节上琅琅上口，内容上层次分明。

续表

例　文	评　析
进全村经济和社会协调发展，促进农民增收。 　　1. 针对集体经济收入较低的问题，可采取"近"和"远"的两项措施。所谓"近"，就是一方面帮助村庄进一步挖潜现有资源进行增收，另一方面充分发挥"第一书记"优势争取企业等社会各界加大对村庄的帮扶力度。所谓"远"，就是与村庄共同谋划好未来发展规划，使村庄发展有强劲的发展后劲，实现可持续和跨越式发展。具体来说就是充分发挥村庄自然地理优势，依托区位好、环境好、资源好、人缘好等优势做好村庄改造和第三产业这两篇大文章，为村庄巨大发展奠定基础、蓄足后劲。 　　2. 针对村庄基础设施建设较差的问题，争取各级和社会各界的帮助解决村庄实际问题。一是对村内道路进行整修建设；二是在村南建设一处村民休闲娱乐场所，包括安装健身器材、绿化场地、整修池塘、修建道路等。 　　3. 针对农民增收和生活问题，一是引导帮助村民发展附加值较高的种养殖业；二是积极联系推荐村民到效益较好企业务工；三是加强职业技能培训，使更多人员成为技术型人才；四是力所能及帮助困难家庭。 　　4. 针对受土地规划影响制约村庄发展空间的问题，要积极建言献策、积极争取能给村庄调整一些建设用地，扩大发展空间。	与前文相呼应，作者针对该村的优势与劣势提出了四条工作思路，使调查报告针对性强，逻辑严密，环环相扣。在作者提出的下一步工作思路具有很强的实际指导作用，如针对农民增收和生活问题提出的四条举措，充分考虑到了村民创业、务工、学习技能的不同需求，举措周详而全面。 　　这篇调查报告在写作构思上属于"现状—问题—措施"的三段论结构。文中充分运用数据、实例进行叙述，给读者的感觉是作者对××村的情况了若指掌。

思考与实践

　　一、导入案例中李大雷要完成《关于宏丰村种植业现状的调查报告》，他应该获得哪些信息与数据？请你代替他拟写一个引言及全文的二级标题。

　　二、现在茶坪乡组织人员要对本乡留守儿童进行调查，请你拟写一个引言以及调查报告的提纲。

　　三、下面是四川省统计局发布的《2015年四川进城务工人员市民化现状调查报告——基本情况及生活现状篇》的引言部分，请分析它的结构与特点。

为及时全面了解掌握四川省进城务工人员的生活、就业创业与社会保障状况以及市民化诉求及意愿等，为省委省政府及有关部门进一步做好进城务工人员权益保障和服务工作，有序推进农业转移人口市民化提供重要决策参考依据，9月中下旬，四川省统计局在省内部分地区开展了进城务工人员市民化现状问卷调查。

调查采用随机面访方式，抽选成都、自贡、攀枝花、德阳、绵阳、内江、南充、宜宾、达州等9个城市进行调查。调查对象为年龄在16周岁以上，在调查城市居住半年以上的进城务工人员。调查地点主要在工厂、建筑工地、住宿餐饮零售点、居民住宅小区、农贸市场、批发市场等进城务工人员集中地。调查共完成有效样本3 000个，其中成都市完成600个，其余8市各完成300个。

由于本次调查内容丰富、信息量较大，我们将调查结果分作三个篇章进行分析。分别是：一、基本情况及生活现状篇；二、就业创业和社会保障篇；三、市民化意愿及诉求篇。

本期报告反映的主要调查结果为：一是受访者男性占六成，女性占四成；二是近九成受访者学历水平为高中（中专、职高）及以下水平；三是逾六成受访者目前的工作身份为"雇员"；四是接近七成受访者外出进城务工累计时间已经超过6年；五是近五成受访者目前与配偶、子女生活在调查地；六是进城务工人员居住条件以单独租房和自有商品房的比例较高；七是逾六成进城务工人员子女在本地入学遇到困难。

总体看，目前进城务工人员男性居多，学历水平相对较低，多为劳动年龄人口，工作主要集中于第二产业的建筑业及第三产业，且具有一定工作经验。生活上，举家向城市迁移的比例接近一半，随迁子女教育、城镇购房等市民需求较大。

（原文2015年11月9日发布于四川省统计局网站）

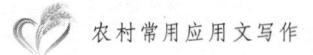

第八节　规章制度

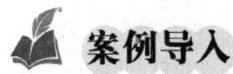 **案例导入**

　　宏丰村最近加大了文明卫生的建设力度，村里的卫生状况大为改观。村支书老王想给村里定个文明卫生方面的制度，以巩固建设成果，他把这个任务交给了李大雷。李大雷查阅了应用文写作方面的资料，最后选择了"公约"这种文种，拟写了《宏丰村文明卫生公约》，送交村委会讨论审定。

　　公约是常见的规章制度之一，是团体成员约定共同遵守的规范，具有一定的约束力。

一、规章制度的分类

　　规章制度是由党政机关、社会团体、企事业单位、群众团体制定并公布的一类具有法规性或约束力的文件。规章制度是一个统称，通常包括行政法规和规章两类。

　　法规包括党政机关制定并发布的条例、规定、办法、实施细则等；规章则包括章程、制度、准则、规则、守则、条例、公约等。我们这里主要介绍章程、制度、办法、规则、公约五种文件。

　　章程是政党、企事业单位、社会团体等组织对本组织的性质、宗旨、任务、机构、组织成员及活动规则等做出规定的文件，具有明确的范围和宗旨、鲜明的目的性及较强的针对性，对该组织或团体的成员有较强的约束力。

　　制度是国家机关、企事业单位或社会团体为加强对某项工作的管理而制定的要求有关人员共同遵守的行为准则。制度应用广泛，各方面的工作都可以有其制度，如办公制度、财务制度、文书工作制度等。

　　办法是为实施某项政策、法规或处理解决某一事项做出的具体安排或措施。办法仅用于某一具体的工作，具有原则性和具体性的特点。

　　规则是机关、单位、团体为了保证某一事项或活动有序进行、以达到预期的目的，对有关事宜作出统一的、具体的规定，要求有关人员必须遵守。规则对有关人员的行为有着切实具体的要求。

公约是指机关、团体、单位、人民群众为维护共同利益、约定共同遵守的一些事项的规范。通常是在经过讨论后将需要共同遵守的事项撰写成若干条款，让一定范围的成员共同遵守执行。公约根据内容不同，通常有文明公约、爱国卫生公约、治安公约、乡规民约等。

二、规章制度的特点

1. 合法性

各种规章制度都是根据党和国家的有关方针、政策、法律、法规而制定的，具有鲜明的政策法规性。

2. 条目化

规章制度都是分条列款，简洁明了，这是它的一个显著特点。

3. 严谨性

规章制度作为约束人的行为及指导工作的文件，意义要明确、具体，使用的概念要准确；语言文字要规范、凝练，不能模棱两可，以免被误解；同时要充分考虑其执行的持续性和相对稳定性。

4. 可行性

规章制度常常是针对某一方面的活动、工作而提出的要求、意见和措施，以确保某些活动的顺利开展和圆满完成，因而在内容上必须符合实际，具有可行性。

三、规章制度的格式与写法

各类规章制度在形式结构上一般由标题、签署和正文三部分组成，但正文部分的格式与写法有所区别。

章程的结构一般由标题、签署和正文三部分组成。标题由政党、团体、组织或企业的全称加"章程"二字组成。章程的签署指通过章程的会议名称和日期，两者写在一起后加"通过"二字，外加括号，置于标题之下。事务性章程的日期通常写上级主管领导机关批准本章程执行的日期。章程的正文通常分章列条，一般包括总则、分则和附则。总则是政党、团体、组织或工商企业的总纲领，写明订立本章程的目的、要求、原则和实施范围，或概述该政党、团体、组织和工商企业的性质、宗旨、任务、组织原则等。分则是总则的展开，对总纲的内容分章列条具体阐述，一般要写明组织机构、职权范围、成员条件、权利和义务、活动方式、规范、纪律等；在层次安排上，一般是由成员到组织、由上而下，先内后外；附则写明制订权、修订权或解释权，以及适用对象和生效日期等。有的章程没有附则，有的章程附则的内容比较简略。

制度由标题、正文和签署三部分组成。标题一般由发文单位、制度内容加文种构成，如《××公司财务制度》《××公司请假制度》《××学校考勤制度》《××酒店设备维修管理制度》等。正文有两种结构，一种是采用总则、分则和附则的写法。总则一般用来说明制度的目的、根据以及指导思想；分则是制度的具体条文内容，多采用分条叙述；附则是用以说明本制度的解释权、修订权和实施日期、实施要求等。另一种是"序言＋章条"式，用序言代替总则，采用分章列条的式样成文；签署由制发机关和发布日期一并组成，放在文尾。

办法由标题、签署、正文组成。标题有两种写法：一是"发文机关＋事由＋文种"，如《××乡政府机关单位人员年度考核办法》；二是"事由＋文种"，如《党政机关公文处理办法》。这两种标题，以后者居多。如果办法是短期的或临时性的，应在标题中注明"暂行""试行"等字样。办法的签署在标题下面，注明本办法由何单位于何时发布，外加括号。办法的正文一般为条款式的写法，首先简明扼要地写明制定办法的目的、缘由和依据，然后逐章逐条地说明办法施行的日期及有关事项。

规则也由标题、签署、正文组成。标题有两种写法：一是"发文机关＋事由＋文种"，如《××市交通规则》；二是"事由＋文种"，如《运动会参赛规则》。规则的签署在标题下面，注明本规则由何单位于何时发布，外加括号。规则的正文由序言、办法内容和施行说明组成，一般采用条款表述。

公约一般由标题、正文和签署三部分组成。标题写明公约的名称，说明公约的性质，或在事由前标明制发公约的单位名称，如《白鹤乡文明公约》。正文是公约的主体部分，以条文方式简要地写出需要共同遵守或必须执行的事项，具体写法有二：一是直接规定几条共同遵守或必须执行的事项；二是除了规定的条文外，开头还要写明订立公约的目的或根据。签署在正文右下方，写明制定本公约的单位和日期。如在标题中已标明制定单位，此处只需写上日期。

📖 **例文与评析**

【例文一】

例 文	评 析
××村村民委员会自治章程 （2013 年 11 月 7 日通过） 第一章 总 则 第一条 为保障农村依法实行村民自治，保证各项村务工作正常运转、促进农村三大文明建设的健康发展，根据国家、省、市有关的法律、法规和政策规定，结合本村实际，制定本章程。 第二条 本村委会是负责对本村的村务依法进行管理、组织和实施的机构，包括政治、经济、科教、文化、卫生、计划生育、社会治安和其他社会事务。 第三条 本村委会实施管理村务和活动必须在上级党委、村党总支部的领导下开展工作，并接受镇人民政府的指导，坚持民主决策、民主管理和民主监督，实行自我管理、自我教育、自我服务。 第四条 本村委会现设主任 1 名，副主任 1 名，委员 1 名。下设人民调解、治安保卫、计划生育、社会事务、经济管理、规划建设和农业生产 7 个工作委员会，11 个村民小组，依法选举组成村民代表会议机构。 第五条 本章程是村委会组织实施村务管理的工作规程，经村民代表会议通过，本村干部、村民都必须严格遵守执行。本章程由村民代表会议监督实施。 第二章 村民会议和村民代表会议（略） 第三章 干部管理（略） 第四章 村民小组管理 第十九条 以便于管理为原则，本村设 11 个村民小组，设小组长 11 名，由村民推选产生，村民小组是村委会下属基层管理组织，接受村委会的领导。	标题规范，由发文单位、事项、文种三要素构成。 这是一篇村委会自治章程，共七章三十五条。按照总则、分则、附则的结构制定。 总则共 5 条，对制定章程的目的、村委会的功能属性、人员构成以及章程的约束力进行说明。一条一事，语言严谨规范，条理清晰。 第四章对村民小组进行了规定，明确了村民小组长的产生办法以及其权

续表

例　文	评　析
第二十条　村民小组长负责对涉及村民村务各项工作的管理、组织和教育，完成好村委会布置的各项工作任务。 　　第二十一条　村民小组长（不脱产）报酬实行固定补贴和误工补助办法，经费为村经联社财务开支，补贴数额由村"两委"会审定。 　　第五章　集体经济管理（略） 　　第六章　社会事务管理（略） 　　　　第七章　附　则 　　第三十三条　本章程与国家法律、法规、政策抵触时按国家有关规定执行。 　　第三十四条　村委会根据本章程规定制定各项管理制度。 　　第三十五条　本章程自通过之日起实施，如有修改，需村民代表会议通过。	利义务。由此可以看出该章程的拟定是按照总则—机构—人员—事务的顺序来展开的。 　　附则对章程的修改、执行、期限进行补充说明，用语严谨。

【例文二】

例　文	评　析
 　　　　　　××村环境卫生村规民约 　　为了推进我村社会主义新农村建设，树立良好的民风、村风，使我村环境卫生综合整治经常化、规范化、制度化，经全体村民代表讨论通过，制定本村规民约。 　　1.牢固树立"成竹是我家，美好环境靠大家"的思想，自觉维护保持村容村貌的整治，坚决抵制破坏公共卫生环境的行为。 　　2.爱护公共财产。不得损坏水利设施、道路交通、供电通信、垃圾运输车等公共设施。 　　3.各家各户、各小学幼儿园，以及村辖区企业要搞好居住区、办公区、教学区、厂区的环境卫生整治工作，创造整洁优美的环境。	标题要素齐备，由发文单位、事项、文种三要素构成。 　　前言介绍了公约制定的缘由、过程（经全体村民代表讨论通过）。缘由部分由大到小、由远及近，条理清晰。

续表

例　文	评　析
4. 村民要自觉学习卫生知识，培养爱清洁、讲卫生的良好习惯，提高村民的自我保健能力和保健水平，搞好家庭卫生，做到禽畜圈养，庭院物放有序，室内整洁卫生。 　5. 积极开展日常卫生保洁工作，实行房前屋后卫生自负，门前"三包"制度，将垃圾放到垃圾点，按时交纳卫生费，共同参与卫生整治。 　6. 持续开展以灭鼠为重点的除"四害"活动，控制"四害"密度，预防和控制各类动物传播疾病。 　7. 努力普及卫生厕所，推广三格化粪池式无害化户厕，搞好人畜粪便无害化处理。 　8. 自觉维护和整顿公路沿线环境卫生，彻底清除公路两侧乱堆乱放的垃圾污物，做到公路畅通，清洁美观。 　9. 杜绝在街头巷尾、自家楼院外等地方的违章占地停车、经营等现象，保证公共空间畅通，消除各类安全隐患。 　10. 严格制止乱倒垃圾、乱违章搭建、乱堆杂物、乱摆摊设点、乱堆放建筑材料等"五乱"现象。 　违反上述规定行为的将给予批评教育及收取违约金处理，并向村委会出具检讨书，情节严重的交上级有关部门处理。 ××村委会 20××年×月×日	正文以条文式样展现公约内容。在条款呈现次序上，按照从意识到行为、从公共场合卫生到个人卫生、从日常保洁到专项活动的逻辑展开，层次比较清楚，各条款之间相互关联，整体性较强。

思考与实践

一、请为本村拟写一份文明公约。

二、下面这篇制度存在什么问题？怎样修改？

××镇村"两委"干部管理制度

为了适应形势发展的要求，切实加强农村干部规范化管理，提高农村干部的工作能力和工作效率，充分调动其工作的积极性和创造性，营造一个更加朝气蓬勃、充满活力的良好干事创业氛围，促进全镇农村经济和社会的全面进步，结合我镇实际，经镇党委、政府研究决定，特制定本管理制度。

一、学习制度（略）

二、请假制度

1. 村支部书记和村委会主任正常情况下外出有事 3 天以内的向片长请假，3 天以上者要写请假条当面向镇党委书记和镇长请假。非常时期外出的，不论几天，一律要向镇党委书记和镇长请假，并告知包片领导。

2. 村"两委"干部副职或委员等外出务工 10 天以内的向村支部书记、村委主任请假，并安排好手上的工作；长期外出的建议辞职，若本人不愿辞职但又长期外出不工作的，镇党委将组织召开本村党员和群众代表大会，启用免职程序，是党员的将视情况给予不同程度的党纪、政纪处分。普通党员外出务工经商两个月以内的应向村支部书记请假，长期外出务工经商的要到镇开具流动党员证，并且每季度要向村党组织报告情况，连续半年不向党组织汇报情况的，按照连续半年不参加党的活动给予党纪处分。

3. 村干部因公出差 3 天以内的要向片长请假，并说明出差事由；3 天以上的要向镇党委书记和镇长书面请假。凡安排村干部外出考察、观光等一律实行向镇党委汇报和审批制度，经主要领导审批同意后方可外出。

三、工作及议事制度

1. 村"两委"干部必须与党委政府保持高度一致，要在镇党委、政府的领导下开展工作。

2. 坚决贯彻执行党的路线、方针、政策，紧紧围绕乡中心工作部署，按照各自分工，认真抓好落实，保证各项工作任务顺利的完成。

3. 村支部书记和村委主任必须经常交心通气，团结一致，共谋本村发展大计。认真做好本村三年发展规划及当年规划，努力改善农村生产生活环境和农业基础设施，大力调整农业产业结构，使农村环境不断改善、农业效益不断提高、农民收入不断增长。

4. 抓好本村稳定工作，做好矛盾的排查调解工作，不人为激化矛盾。力争做到小事不出组，大事不出村，矛盾不上交，及时发现，及时解决。

5. 全面实行村支部书记和村委主任负总责、抓全面的工作机制，切实履行好第一责任人工作职责，理清思路，制定措施，分解落实好乡党委、政府布置的各项工作任务。乡党委、政府对安排部署的每一项工作进行排名，纳入目标考核，对年底目标考核排名后三名的村支部书记、村委主任进行诫勉谈话。

6. 严格执行村"两委"议事规则、民主集中制度、村民代表会"一事一议"等制度，强化民主决策，工作上做到既分工又协作，遇事多研究、多协商、多沟通，强化班子团结意识，齐心协力抓好各项工作落实。同时，要严格执行村级财务制度，严格执行党务、村务月公开制度，不断提高工作质量。

7. 推行"四议两公开"工作法。要着眼于发展和完善党领导和村级民主自治机制，对于村经济发展、工程建设项目、低保户确定等重大事项决策，要建立和实施党支部会提议、"两委"会商议、党员大会审议、村民代表大会（村民会议）决议和决议内容公开、实施结果公开的"四议两公开"制度。

8. 建立"十必访"民情联系制度。"十必访"即低保困难户必访、残疾人户必访、孤寡独居人员必访、70岁以上老人必访、发生大病住院等重大变故的村民家庭必访、邻里纠纷矛盾突出的家庭必访、外出务工户必访、种养殖大户必访、全体党员和县乡各类代表必访、党员群众红白喜事必访。

9. 不断加强自身修养，提高个人素质，遵纪守法。不以权谋私，侵犯集体和群众利益。村干部违法乱纪的，要坚决予以查处，视情节轻重，给予党纪、政纪处分；构成犯罪的，移交司法机关，依法追究刑事责任。

10. 村干部要确保手机畅通，坚决杜绝有事联系不上的现象发生。如因电话不通，乡里有事通知不到影响工作的，将视情况给予不同程度的处分。

四、会议制度（略）

五、重大事项报告制度（略）

六、村级财务管理制度（略）

本制度自公布之日起实施。

20××年×月×日

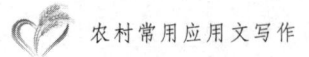

第三章
农村常用经营类应用文

◎了解项目招标书、项目投标书的相互关系、基本要素和格式要求；

◎熟悉经济合同、劳动合同的各自特点、基本条款和写作要求；

◎掌握可行性研究报告的要素、结构特点与写作方法；

◎学会撰写主题突出、构思巧妙的商品广告。

第一节　经济合同

 **案例导入**

> 玉林村湛某承包了村集体一处坑塘，面积约5亩，主要用于养殖、垂钓、娱乐等。双方约定，承包时间为15年，承包款按年缴付。承包期间，湛某有权依法利用和经营所承包的坑塘，并享受承包坑塘的收益权。承包经营，独立核算，自负盈亏，所发生的一切债权债务由湛某独自承担，与村集体无关。湛某每年也须按约定的时间缴交承包款给村集体。
>
> 当前农村集体资产资源参与市场经济活动越来越多，经济合同的使用也越来越广泛，要保障农村经济活动的顺利进行，避免产生经营纠纷，就应签订形式规范、内容明确的经济合同。作为新型农民，有必要掌握经济合同的写作知识。
>
> 请权衡双方的权利与义务，补充相关事项，拟写这份坑塘承包合同文本。

经济合同是合同的一种，是自然人、法人、其他组织之间为实现一定的经济目的，明确双方的权利与义务关系而订立的书面协议。签订经济合同是建立经济合同法律关系的基础，它对于确定合同是否有效，能否履行，当事人的经济目的能否实现，发生纠纷如何判定责任等问题都有极其重要的意义。签订经济合同，有利于保护当事人的合法权益。

实例：王某与高某签订合同共同经营某物流有限公司。根据合同，王某出资140万元，而高某负责在原有物流公司的基础上进行日常经营。但在合同约定日期内，王某已将相应资金给付，而高某并未按合同履行义务，导致王某亏损巨大。王某将高某告上法庭，当地人民法院一审判决后，判定高某及某物流公司退还王某140万元投资，并赔偿200万元经济损失。

一、经济合同的分类

经济合同有各种不同的分类方法。按表现形式分，有条款式经济合同、表格式经济合同、复合式经济合同；按经济合同的有效期限分，有长期合同、短期合同、季度合同、年度合同等，凡期限在一年以上的均为长期合同；按经济合同的内容分，有购销合同、建设工程承包合同、加工承揽合同、货物运输合同、供用电合同、仓储保管合同、财产租赁合同、借款合同、财产保险合同等。

二、经济合同的特点

1. 立约人的限定性

立约人的限定性即立约人必须是具有法律行为能力者。未成年人、精神病患者、醉酒者和被剥夺政治权利的人，以及丧失语言思维能力的人不能作为立约人。代表经济组织团体签订合同的签约双方，必须具有法人资格。

2. 协商的一致性

经济合同必须经过当事人的自愿协商，并取得一致意见后才能签订。合同中任何条款，如一方有不同意见都不能写入合同中。合同签订之后，如有一方提出修改、变更或者取消，也必须经过协商，而不可单方任意为之。

3. 法律的约束性

经济合同一旦签订，便具有法律约束力，签订合同的双方都必须执行，合同签订以后，都要严格履行合同中约定的义务并享受合同中约定的权利。如果一方当事人擅自变更或者解除合同，或不承担义务，不按条款执行，就要承担相应的法律责任。

三、经济合同的格式与写法

经济合同一般包括标题、约首、正文和约尾四个部分。

1. 标题

①由"合同性质＋文种"组成，如《借款合同》《产品购销合同》。

②由"合同标的＋合同性质＋文种"组成，如《施工机械设备租赁合同》。

③由"合同的有效期限＋合同性质＋文种"组成，如《2016 年第一季度运输合同》。

2. 约首

约首要将当事人的名称写在标题的下方。先书写"订立合同单位"或"订立合同人"，后面并列写上双方当事人的名称，要使用全称，再用括号注明规定的简称，如"以下简称甲方或供方""以下简称乙方或需方"，不能使用"你方""我方"。

3. 正文

正文包括引言和主体两方面内容。

引言先点明签订合同的目的、依据和签订过程、签订方式，通常写法比较固定，比如"为了××××，根据《中华人民共和国合同法》，经双方协商同意，特订立本合同，以便共同遵守。"

主体部分另起一段，逐条写明双方协商的具体条款。格式条款通常事先印好，项目比较固定，只要往里填充具体内容即可；非格式条款内容可多可少，根据需要而定。主体部分的内容根据《合同法》的规定主要包括：

（1）标的

标的是当事人权利和义务共同指向的对象。合同的标的必须合法，可以是有形资产（如商品、房屋）、无形资产（技术转让合同中的智力）、某种行为（如运输合同中的运输行为）。标的是确定相互间权利与义务的基础，没有标的或标的不明的合同既无法履行，也不能成立。

实例：某年 1 月，某市石油公司与该市某建筑工程公司签订了一份《加油站维修项目合同书》。协议约定：建筑公司为石油公司提供加油站维修服务，合同期限为一年。但合同中未明确约定具体维修哪座加油站。同年 2 月，石油公司将一座加油站的维修工程发包给建筑公司，两个月后，该工程顺利完工。同年 8 月，石油公司决定对辖区内的另外 3 座加油站进行维修，同时按上级公司要求，以公开招标的方式进行，该建筑公司也参加了投标，但由于报价太高而均未中标。于是，石油公司将维修工程发包给了另外两家中标的企业，并与之签订了合同。同年 9 月，该建筑公司认为石油公司违约向当地法院起诉，理由是双方于 1 月份已经签订了《加油站维修项目合同书》，合同期限为一年，本年度内石油公司所有加油站的维修工程均应由其承包。

律师评析：本案例中，双方之所以发生争议，主要在于双方签订的合同中没有明确约定合同标的，于是给了一方可乘之机。石油公司为此承担了违约责任，造成了一定的经济损失。

（2）数量和质量

数量是标的的具体指标，是确定权利与义务大小的度量，所以规定必须明确具体。一是要采用国家法定的度量衡单位来计算；二是要详细具体，如以包、箱、袋作单位计算数量时要说明其里面装了多少斤或多少件等。对尾差、自然损耗率等的许可范围也要加以说明。

质量也是确定合同标的的具体条件，指双方在合同中约定的标的质量及要达到的标准，是检验标的内在素质和外观形态优劣的标志，如产品的品种、规格、型号等。质量必须有具体的规定，如国家标准、部颁标准或企业标准。

（3）价款或酬金

价款是取得标的物所应支付的代价，酬金是服务所应当获得的报酬。价款和酬金以货币数量表示，是经济合同双方等价交换的经济关系的标志。购销合同为价款，加工承揽、货物运输等为酬金。价款分为单位价款和总价款。

（4）履行合同的期限、地点、方式

履行合同的期限是指合同当事人实现权利、履行义务的时间界限，可约定及时履行，或定时履行，或在一定期限内分期履行。当事人必须严格按照合同约定的时间执行。期限时间宜实不宜虚，宜具体不宜笼统，最好确定具体日期，如不能确定实际时间，应用"以前""以内"，而不应用"以后"，也不可用"尽可能在"或"争取在"等词语。履行合同的地点是指当事人交接货物或提供劳务的地点。如交货地点、施工地点等。履行合同的方式是指当事人采用什么方法来履行合同规定的义务，它因合同的性质不同而不同。如是送货还是自提；是现金结算还是银行转账结算等。

（5）违约责任

违约责任是指违约者不履行或者不能完全履行合同所须承担的经济责任和法律责任。违约责任可依法规定，也可由当事人约定。违约责任的方式有继续履行、采取补救措施、赔偿损失、支付违约金、给付定金等。合同规定违约责任有利于督促当事人自觉履行合同，发生纠纷时也有利于确定违约方所承担的责任，这是合同履行的保障性条款，也是避免经济损失、维护合同严肃性的重要措施。

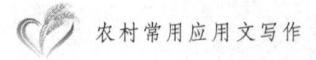

（6）解决争议的方法

发生经济合同纠纷的解决办法主要有三种：一是当事人通过和解或调解解决合同争议；二是向仲裁机构申请仲裁；三是向人民法院起诉。

4. 约尾

约尾包括署名、日期和附项。

（1）署名

署名包括签订合同的双方当事人的单位名称、法定代表人的签名和单位盖章。如果需主管部门或公证机关审批、鉴证，则还需写上主管部门或公证机关的名称、意见、日期，经办人签名，并加盖公章。

（2）日期

日期应以签订合同的日期为准。签约日期关系到合同的效力，必须写清楚。

（3）附项

附项一般包括双方当事人的单位地址、电话号码、电报挂号、开户银行、银行账号、邮政编码等内容。

四、经济合同的写作要求

1. 内容要合法

合同不能违反有关法律、行政法规及社会公共利益。否则，合同归于无效，不仅得不到法律的保护，造成严重后果者，还会依法对其追究责任。

2. 条款要完善

合同所必备的各个构成部分不能缺少，关键条款不能遗漏。

3. 表达要严谨

合同的语言表达应周密、严谨。语言要明确具体，概念准确，切忌词不达意或含糊不清。比如，必须使用规范汉字，不多字、漏字，不使用"可能""大概""左右"等模糊词语，慎用多义词、近义词，标点明白无误。价款与酬金数字必须大写。因语言表达错误引起的合同纠纷或遭受损失者，报端时有所见，写作时千万要仔细。

4. 合同不得随意涂改

合同不得随意涂改，如确需涂改，涂改行为双方都应知晓并且认可，最好双方在涂改的地方签字盖章，表示对涂改的认可，避免日后出现不必要的麻烦。

例文与评析

例 文	评 析
房屋租赁合同 出租人（以下简称甲方）： 证件类型及编号： 承租人（以下简称乙方）： 证件类型及编号： 依据《中华人民共和国合同法》及有关法律、法规的规定，甲乙双方在平等、自愿的基础上，就房屋租赁的有关事宜达成协议如下： 第一条 房屋基本情况 （一）房屋坐落于_____省（市）_____区（县）_____街道（乡镇）_____。该房屋为：楼房_____室_____厅_____卫，平房_____间，建筑面积_____平方米，使用面积_____平方米，装修状况_____，其他条件_____。 （二）房屋权属状况：甲方持有（□房屋所有权证/ □公有住房租赁合同/ □房屋买卖合同/ □其他房屋来源证明文件），房屋所有权证书编号：_____或房屋来源证明名称：_____，房屋所有权人（公有住房承租人、购房人）姓名或名称_____，房屋（□是 / □否）已设定了抵押。 第二条 房屋用途 （一）租赁用途：_____。乙方保证在租赁期间内未征得甲方书面同意以及按规定经有关部门审核批准前，不擅自改变该房屋的用途。 第三条 租赁期限 （一）房屋租赁期自_____年_____月_____日至_____年_____月_____日，共计_____年_____个月。甲方应于_____年_____月_____日前将房屋按约定条件交付给乙方。《房屋交割清单》（见附件）经甲乙双方交验签字盖章并移交房门钥匙及_____后视为交付完成。 （二）租赁期满或合同解除后，甲方有权收回房屋，乙方应按照原状返还房屋及其附属物品、设备设施。甲乙双方应对房屋和附属物品、设备设施及水电使用等情况进行验收，结清各自应当承担的费用。乙方继续承租的，应提前_____日向甲方提出（□	本合同的标题即合同名称，结构为"合同性质＋文种"。一般各行业均已形成规范的合同名称。 约首写明当事人基本情况，为行文方便，分别在括号内注明其简称。 引言简要说明签订合同的依据、目的。表明内容由双方协商确定，合法、有效。

续表

例　文	评　析
书面／□口头）续租要求，协商一致后双方重新签订房屋租赁合同。 　　第四条　租金及押金 　　租金标准_____元／（□月／□季／□半年／□年），租金总计：人民币_____元整（￥：_____）。该房屋租金_____（□年／□月）不变，自_____（□年／□月）起，双方可协商对租金进行调整。有关调整事宜由双方另行约定。 　　支付方式：（□现金／□转账支票／□银行汇款），押_____付_____，各期租金支付日期：_____，_____，_____。 　　（二）押金：人民币_____元整（￥：_____）租赁期满或合同解除后，房屋租赁押金除抵扣应由乙方承担的费用、租金，以及乙方应当承担的违约赔偿责任外，剩余部分应如数返还给乙方。 　　第五条　其他相关费用的承担方式 　　租赁期内的下列费用中，_____由甲方承担，_____由乙方承担：（1）水费（2）电费（3）_____。 　　本合同中未列明的与房屋有关的其他费用均由甲方承担。如乙方垫付了应由甲方支付的费用，甲方应根据乙方出示的相关缴费凭据向乙方返还相应费用。 　　第六条　房屋维护及维修 　　（一）甲方应保证房屋的建筑结构和设备设施符合建筑、消防、治安、卫生等方面的安全条件，不得危及人身安全；承租人保证遵守国家、地区的法律法规规定以及房屋所在小区的物业管理规约。 　　（二）租赁期内，甲乙双方应共同保障房屋及其附属物品、设备设施处于适用和安全的状态： 　　1. 对于房屋及其附属物品、设备设施因自然属性或合理使用而导致的损耗，乙方应及时通知甲方修复。甲方应在接到乙方通知后的_____日内进行维修。逾期不维修的，乙方可代为维修，费用由甲方承担。因维修房屋影响乙方使用的，应相应减少租金或延长租赁期限。 　　2. 因乙方保管不当或不合理使用，致使房屋及其附属物品、设备设施发生损坏或故障的，乙方应负责维修或承担赔偿责任。 　　第七条　转租 　　除甲乙双方另有约定以外，乙方需事先征得甲方书面同意，方	合同的主体部分包括房屋的基本情况、租赁用途、租赁期限、相关费用的承担方式、房屋维护维修及转租变动的约定、合同解除、违约责任等。条款齐备。 　　本合同为格式文本，条款完备，内容详尽，签订合同时双方只需将相关内容补充完整即可。当然，双方还可以根据需要增加其他约定的条款，只要是在法律允许的范围内，且符合双方真实意愿的均可。

续表

例　文	评　析
可在租赁期内将房屋部分或全部转租给他人，并就受转租人的行为向甲方承担责任。 　　第八条　所有权变动 　　（一）租赁期内甲方转让该房屋的，甲方应当提前_____日书面通知乙方，乙方在同等条件下有优先于第三人购买的权利。 　　（二）租赁期内该房屋所有权发生变动的，本合同在乙方与新所有权人之间具有法律效力。　　第九条　合同解除 　　（一）经甲乙双方协商一致，可以解除本合同。 　　（二）因不可抗力导致本合同无法继续履行的，本合同自行解除。 　　（三）甲方有下列情形之一的，乙方有权单方解除合同： 　　1. 迟延交付房屋达_____日的。 　　2. 交付的房屋严重不符合合同约定或影响乙方安全、健康的。 　　3. 不承担约定的维修义务，致使乙方无法正常使用房屋的。 　　4. _____。 　　（四）乙方有下列情形之一的，甲方有权单方解除合同，收回房屋： 　　1. 不按照约定支付租金达_____日的。 　　2. 欠缴各项费用达_____元的。 　　3. 擅自改变房屋用途的。 　　4. 擅自拆改变动或损坏房屋主体结构的。 　　5. 保管不当或不合理使用导致附属物品、设备设施损坏并拒不赔偿的。 　　6. 利用房屋从事违法活动、损害公共利益或者妨碍他人正常工作、生活的。 　　7. 擅自将房屋转租给第三人的。 　　8. _____。 　　（五）其他法定的合同解除情形。 　　第十条　违约责任 　　（一）甲方有第九条第三款约定的情形之一的，应按月租金的_____％向乙方支付违约金；乙方有第九条第四款约定的情形之一的，应按月租金的_____％向甲方支付违约金，甲方并可要求乙方将房屋恢复原状或赔偿相应损失。	

续表

例 文	评 析
（二）租赁期内，甲方需提前收回房屋的，或乙方需提前退租的，应提前_____日通知对方，并按月租金的_____％向对方支付违约金；甲方还应退还相应的租金。 （三）因甲方未按约定履行维修义务造成乙方人身、财产损失的，甲方应承担赔偿责任。 （四）甲方未按约定时间交付房屋或者乙方不按约定支付租金但未达到解除合同条件的，以及乙方未按约定时间返还房屋的，应按_____标准支付违约金。 （五）_____。 第十一条　合同争议的解决办法 本合同发生的争议，由双方当事人协商解决；协商不成的，依法向有管辖权的人民法院起诉，或按照另行达成的仲裁条款或仲裁协议申请仲裁。 第十二条　其他约定事项 _____。 本合同经双方签字盖章后生效。本合同（及附件）一式_____。其中甲方执_____份，乙方执_____份，_____执_____份。 本合同生效后，双方对合同内容的变更或补充应采取书面形式，作为本合同的附件。附件与本合同具有同等的法律效力。 出租人（甲方）签章：　　　　承租人（乙方）签章： 法定代表人：　　　　　　　　法定代表人： 联系方式：　　　　　　　　　联系方式： 委托代理人：　　　　　　　　委托代理人： 联系方式：　　　　　　　　　联系方式： _____年_____月_____日　_____年_____月_____日 附件：房屋交割清单（略）	 约尾包括署名、日期、附项。

思考与实践

一、下面选项中不能够作为经济合同标的的是（　　）。

A. TNT 炸药　　　　　　　　B. 仿真玩具枪

C. 科学技术　　　　　　　　　D. 走私汽车

二、下列在合同中常出现的数量和计量单位正确的是（　　）。

A. 20 篮鸡蛋　　　　　　　　　B. 2 车白菜

C. 10 箱熟食　　　　　　　　　D. 1 000 千克苹果

三、分析下列经济合同案例中出现如此结果的原因。

1. 一份购买苹果的合同，仅写明"红富士"苹果，到拆箱时一看，不仅小而且疤痕多，品质又不好。收货方欲诉无据，只好"哑巴吃黄莲，有苦说不出"。

2. 有一份购货合同，标的物是各色瓷砖，质量标准是"货到乙方损耗率不得超过 3％"。结果货到开箱检查，其中白色瓷砖损耗率超过 3％，而其他颜色的瓷砖损耗未超过 3％，总耗率正好达 3％，但引起合同纠纷。

四、分析下列合同语言中不确切的地方。

1. 某合同中注明"交货地点：长沙火车站附近"。

2. 某合同中的"违约责任"中写道："一方不能按时交货，每延期一天，应偿付甲方 5％的违约金。"

3. 某酒店与××公司签订了一份房屋租赁合同，在合同标的上写的是"将酒店九层租给××公司"。

4. 某购销合同关于卖方义务其中有一条是："卖方应承担部分短途运费。"

五、收集各类经济合同范本，体会各类经济合同的内容及写作要求。

六、分析下列合同文本存在的问题。

产 品 销 售 合 同

供货方（甲方）：××混凝土公司

采购方（乙方）：××建筑公司

合同签订地点：

合同签订日期：

兹有乙方向甲方订购混凝土砌块一批，经甲乙双方协商一致，形成以下共识，签订本合同。

1. 质量要求、技术标准：产品质量必须符合现行国家标准。

2. 供方对质量负责的条件：甲方将合格产品运至乙方所在工地，随车提供产品质量合格证（质保书）及性能检测报告。

3. 交（提）货地点、方式：供货时需乙方提前以电话或传真形式通知供方，由甲方负责送货至乙方工地，乙方派人签收。

4. 运输方式及费用负担：公路运输，费用由甲方承担。

5. 产品数量的确认：甲方将货送至工地现场，随车携带已填写好的材料送货清单。乙方组织现场清点，以现场清点数量为准，并在甲方提供的送货清单上签字确认。

6. 验收标准、方法：根据厂家提供的企业标准或国家相关标准进行验收。

7. 结算方式及时间：每月月底结上月货款。

8. 其他约定事项

（1）甲方提供相应的产品合格证等给施工单位，并委派供方技术负责人（姓名：＿＿＿＿＿＿＿＿　电话：＿＿＿＿＿＿＿＿　）为乙方及施工单位提供现场技术服务。在施工中甲方与乙方及施工单位密切配合，保证工程施工进度。在施工中遇到技术问题甲方应及时提供现场技术服务。

（2）甲方应对提供相应技术资料承担技术及经济法律责任。甲方提供生产许可证、产品合格证及性能检测报告等能确保验收一次性合格通过的相关技术资料。如有因产品质量问题导致验收无法通过等情况发生，由甲方承担相应的经济及法律责任。

（3）本合同成立后，货品价格如有涨跌，概不影响本合同所订数量、价格，甲、乙双方均不得有异议。

（4）合同未尽事宜当事各方协商解决。

（5）合同有效期：自本合同签订之日起至合同履行完毕。

9. 本合同一式两份，甲乙双方各执一份，合同签字盖章后生效。

采购方（甲方）章：　　　　　　　供货方（乙方）章：

法定代表人：　　　　　　　　　　法定代表人：

委托代理人：　　　　　　　　　　委托代理人：

电话：　　　　　　　　　　　　　电话：

开户银行：　　　　　　　　　　　开户银行：

账号：　　　　　　　　　　　　　账号：

七、完成案例导入中合同文本的写作。

第二节　劳动合同

 案例导入

> 2012年张某在工商行政管理部门注册登记成立了个体性质的铝材店，从事铝材制作及销售、安装业务。曾某经人介绍到张某的铝材店从事门窗制作、安装工作，双方未签订书面劳动合同。曾某工作几个月之后，一纸诉状将张某告上法庭，当地人民法院判决铝材店支付曾某工作期间的双倍工资13 200元。
>
> 按照《中华人民共和国劳动合同法》规定，张某的铝材店应该及时与聘用员工签订劳动合同，否则员工可以主张其支付双倍工资。
>
> 不管是招用劳动者并在其管理下劳动的农村个体工商户，还是一名外出务工人员，都应知晓一定的劳动合同知识。

根据《中华人民共和国劳动法》（以下简称《劳动法》）规定，"劳动合同是劳动者与用工单位之间确立劳动关系，明确双方权利和义务的协议。"劳动合同是劳动者和用人单位确立劳动关系的基本法律形式，是用人单位有效实现人力资源管理的重要手段，有利于减少纠纷，维护双方的合法权益。

实例：20岁的张某在汽车制造厂工作。单位搬家时，他在搬运途中不慎从货车上摔下，当场昏厥，造成重型脑损伤。张某未与公司签订劳动合同，其所服务的公司又与第三方公司权利与义务协商不明确，致使事故发生后，张某的后期索赔困难重重。

律师建议：务工人员一定要与用人单位签订劳动合同，并注意留存与用工单位发生劳动关系的证据，防患于未然。同时，工伤发生后，劳动者要及时到相关部门备案，很多人因未备案导致事后不能提供相关的事故责任书或证明等。由于事实不清，劳动保障部门也无法判断是否属于工伤。

一、劳动合同的分类

根据《中华人民共和国劳动合同法实施条例》第十八条、第十九条规定，

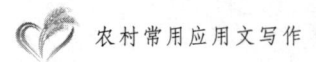

劳动合同有固定期限劳动合同、无固定期限劳动合同和单项劳动合同三种。

二、劳动合同的特点

劳动合同是合同的一种，它具有合同的一般特征，还有其自身的基本特征。

1. 主体的特定性

与其他合同相比较，劳动合同的主体是由法律规定的，具有特定性。劳动合同的主体，即劳动法律关系当事人，具体来说就是指"劳动者"和"用人单位"。劳动者和用人单位都要具备法律规定的劳动合同主体条件，才能签订劳动合同。不具有劳动权力能力和劳动行为能力的劳动者与不具有用工权的组织和个人都不能签订劳动合同。

2. 地位的从属性

劳动者和用人单位在履行劳动合同的过程中，存在着管理关系，即劳动者一方必须加入到用人单位一方中去，成为该单位的一名职工，接受用人单位的管理并依法取得劳动报酬。

3. 条款的法定性

劳动合同的性质决定了劳动合同的内容以法定为多、为主，以商定为少、为辅，即劳动合同的许多内容必须遵守国家的法律规定，如工资、保险、保护、安全生产等，而当事人之间对合同内容的协商余地较小。

4. 权利和义务的对应性

没有只享受劳动权利而不履行劳动义务的，也没有只履行劳动义务而不享受劳动权利的。劳动者与用人单位均享有一定的权利并要履行相应的义务。

三、劳动合同的格式与写法

劳动合同一般包括标题、约首、正文和约尾四个部分。

1. 标题

直接书写"劳动合同"，有的前面加上用人单位名称。

2. 约首

约首主要包括以下内容：

①用人单位的名称、住所和法定代表人或者主要负责人。为了明确用人单位一方的主体资格，确定劳动合同的当事人，《中华人民共和国劳动合同法》（以下简称《劳动合同法》）第十七条规定，劳动合同应当具备这项条款。

②劳动者的姓名、住址和居民身份证或者其他有效证件号码。为了明确劳动合同中劳动者一方的主体资格，确定劳动合同的当事人，《劳动合同法》第十七条规定，劳动合同应当具备这项条款。考虑到有的劳动者是外国公民，没有我国的居民身份证，可用其他有效证件如护照替代。

3. 正文

正文包括引言和主体两项内容。

（1）引言

引言先点明签订劳动合同的目的、依据和签订过程、签订方式，通常写法比较固定，比如"根据《中华人民共和国劳动合同法》及有关的劳动法律、法规和政策规定，结合甲方相关制度和乙方岗位特点，遵循自愿、平等、协商一致的原则，甲乙双方一致同意订立如下条款，以明确双方的权利和义务，并期望双方保持良好的长期聘用关系。"

（2）主体

劳动合同主体部分的内容可分为两方面：一方面是必备条款的内容；另一方面是协商约定的内容。劳动合同的必备条款，是指法律规定的劳动合同必须具备的内容。《劳动合同法》规定，劳动合同主体部分必须具备以下条款。

①劳动合同期限：

劳动合同期限是双方当事人相互享有权利、履行义务的时间界限，即劳动合同的有效期限。

②工作内容和工作地点：

工作内容是指用人单位安排劳动者从事的具体工作，是劳动者在劳动合同中确定的应当履行的劳动义务的主要内容。工作地点是指劳动者在用人单位从事劳动合同约定工作的地点，它关系到劳动者的工作环境、生活环境，以及劳动者的就业选择。

③工作时间和休息休假：

工作时间，是指劳动者在企业、事业、机关、团体等单位中，必须用来完成其所担负的工作任务的时间。休息休假，是指企业、事业、机关、团体等单位的劳动者按规定不必进行工作，而自行支配的时间。

④劳动报酬：

劳动报酬，是指劳动者与用人单位确定劳动关系后，因提供了劳动而取得的报酬。劳动合同中有关劳动报酬条款的约定，要符合我国有关最低工资标准的规定。

⑤社会保险：

社会保险由国家强制实施，因此成为劳动合同不可缺少的内容。

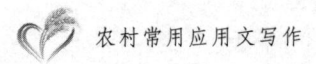

⑥劳动保护、劳动条件和职业危害防护：

劳动保护，是指用人单位为了防止劳动过程中发生安全事故，采取各种措施保障劳动者的生命安全和健康。

劳动条件，是指用人单位为使劳动者顺利完成劳动合同约定的工作任务，为劳动者提供必要的物质和技术条件，如必要的劳动工具、机械设备、工作场地、劳动经费、辅助人员、技术资料、工具书以及其他一些必不可少的物质、技术条件和其他工作条件。

职业危害是指用人单位的劳动者在职业活动中，因接触职业性有害因素，如粉尘、放射性物质和其他有毒、有害物质等而对生命健康所引起的危害。用人单位与劳动者订立劳动合同时，应当将工作过程中可能产生的职业病危害及其后果、职业病防护措施和待遇等如实告知劳动者，并在劳动合同中写明，不得隐瞒或者欺骗。用人单位应当按照有关法律、法规的规定严格履行职业危害防护的义务。如某公司的一名生产技术人员，发现生产过程中存在有害化学物质的释放，而公司并未采取劳动合同上所说明的防护措施，便依法要求进行职业病检查和鉴定。

⑦法律、法规规定应当纳入劳动合同的其他事项。

4. 约尾

包括署名和日期。

（1）署名

署名包括签订劳动合同的用人单位名称、法定代表人的签名和单位盖章，以及劳动者的签名。

（2）日期

注明签订劳动合同的日期。

四、劳动合同与劳务合同的区别

1. 合同性质不同

劳动合同是确定用人单位与劳动者劳动关系的合同，以劳动者成为用人单位内部成员为目的，更多体现国家的干预和国家对劳动者的特别保护；劳务合同是受雇人为雇佣人提供服务的合同，以提供劳务为目的，更多体现当事人意愿，国家干预程度较小。

2. 合同主体及法律关系不同

劳动合同主体仅限于单位用工，主体为单位和个人，劳动者属于单位内部成员，遵守其内部规章制度，必须承担一定的工种或职务工作。劳动合同中单位侧重于对劳动过程的管理，雇佣双方是领导和被领导、管理与被管理、支配与被支配的隶属关系，兼具财产关系和人身关系。劳务合同适于单位之间、个人之间和单位与个人之间，两者是平等关系。受雇者不接受用人单位管理，不受规章制度约束，与雇主是平等的民事法律关系。雇主不是管理者身份，而是用合同条款约束劳动者，侧重于劳动成果。

3. 承担劳动风险的责任主体不同

劳动合同的劳动者以单位名义进行劳动，风险责任由单位承担；劳务合同以个人名义进行劳动，风险责任自行承担。

4. 支付劳动报酬的形式不同

劳动合同的工资具有按劳分配性质，受法律法规约束，一般是有规律地按月支付。用人单位需缴纳社保、需支付加班费、受支付最低工资的约束。劳务费，由双方自行协商价格及支付方式，法律不过分干涉，一般是一次性结算或阶段性批次支付，毫无规律可言。而劳务合同的用人单位无需交社保、无需支付加班费、不受最低工资约束。

5. 解除方式不同

解除劳动合同需履行法定程序，劳务合同双方可依约定随时解除劳务关系。

📖 例文与评析

例　文	评　析
 劳动合同 用人单位（以下简称甲方）： 地址（住所）： 法定代表人（主要负责人）： 身份证住址： 身份证号码： 根据《劳动法》《劳动合同法》等有关劳动法律、法规的规定，甲乙双方按照"合法、公平、平等自愿、协商一致、诚实信用"的原则，签订本劳动合同，确立劳动关系。 一、劳动合同期限 （一）甲、乙双方商定，采取下列第_____种形式确定劳动合同期：	标题直接书写"劳动合同"。 　约首写明了用人单位的名称、住所和法定代表人或者主要负责人，明确了用人单位一方的主体资格。为了明确劳动合同中劳动者一方的主体资格，确定劳动合同的当事人，还应写明劳动者的姓名、住

续表

例 文	评 析
1. 有固定期限：从 _____ 年 _____ 月 _____ 日起至 _____ 年 _____ 月 _____ 日止。 2. 无固定期限：从 _____ 年 _____ 月 _____ 日起至法定终止条件出现时止。 3. 以完成一定的工作任务为期限：从 _____ 年 _____ 月 _____ 日至工作任务完成时止。 （二）试用期的约定，采取下列第 _____ 种形式： 1. 无试用期。 2. 试用期为 _____ 个月（天），从 _____ 年 _____ 月 _____ 日起至 _____ 年 _____ 月 _____ 日止。 二、工作内容和工作地点（一）乙方的工作岗位（部门、工种或职务）为：_____。 （二）乙方的工作任务或职责是：_____。 （三）乙方工作地点是：_____，如甲方派乙方到外地或外单位工作，应签订补充协议。 （四）甲方根据生产经营需要和乙方的能力表现，可以合理调整乙方的工作岗位（包括部门、工种或职务）。 三、工作时间和休息休假 （一）甲乙双方同意按以下第 _____ 种方式确定乙方的工作时间： 1. 标准工时制，即每日工作 8 小时，每周工作 40 小时，每周至少休息一天。 2. 不定时工作制，即经劳动保障部门审批，乙方所在岗位实行不定时工作制。 3. 综合计算工时工作制，即经劳动保障部门审批，乙方所在岗位实行以 _____ 为周期，总工时 _____ 小时的综合计算工时工作制。 （二）甲方因生产（工作）需要，经与工会和乙方协商后可以延长工作时间。除《劳动法》第四十二条规定的情形外，一般每日不得超过一小时，因特殊原因最长每日不得超过三小时，每月不得超过三十六小时。 （三）休息日和法定节假日，甲方依法安排乙方休息休假，因工作需要安排乙方加班的，依法安排补休或支付加班费。 四、劳动报酬 （一）乙方正常工作时间的工资按下列第 _____ 种形式执行，不得低于当地最低工资标准。	址和居民身份证或者其他有效证件号码。 　　在劳动合同必备条款中，工作内容、劳动报酬是核心内容。要求内容明确、具体，特别要写清工作岗位、工作地点、具体的工作内容、劳动报酬的具体金额和劳动报酬的组成等。

续表

例　　文	评　析
1. 乙方试用期工资＿＿＿＿元/月（日）；试用期满工资 ＿＿＿＿元/月（日）。 　　2. 其他形式：＿＿＿＿＿＿＿＿＿＿＿＿＿＿＿。 　　（二）工资必须以法定货币支付，不得以实物及有价证券替代货币支付。 　　（三）甲方可以根据企业人力资源的经营状况和乙方的能力表现，及工作岗位的调整情况，合理调整乙方的工资。 　　（四）甲方每月＿＿＿＿日发放乙方上一个月的工资。如遇节假日或休息日，则提前到最近的工作日支付。 　　（五）甲方依法安排乙方延长工作时间的，应按《劳动法》第四十四条的规定支付延长工作时间的工资报酬。 　　（六）因乙方过错造成乙方停工，甲方不支付乙方停工期间的工资，并可根据造成的损失，按有关规定相应处理。 　　（七）非因乙方原因造成乙方停工、停产，未超过一个工资支付周期（最长三十日）的，甲方应当按照正常工作时间支付工资。超过一个工资支付周期的，可以根据乙方提供的劳动，按照双方新约定的标准支付工资；甲方没有安排乙方工作的，应当按照不低于当地最低工资标准的百分之八十支付劳动者生活费，生活费发放至企业人力资源复工、复产或者解除劳动关系。 　　（八）乙方因病或者非因工负伤停止工作进行治疗，在国家人力资源规定医疗期内，甲方应当依照国家人力资源有关规定支付病伤假期工资。甲方支付的病伤假期工资不得低于当地最低工资标准的百分之八十。 　　（九）乙方依法享受法定休假日、年休假、探亲假、婚假、丧假、产假、看护假、计划生育假等假期期间，甲方应当视同其正常劳动并支付正常工作时间的工资。 　　五、社会保险和福利待遇（略） 　　六、劳动保护、劳动条件和职业危害防护（略） 　　七、劳动纪律（略） 　　八、合同的履行和变更（略） 　　九、合同的解除、终止和续订（略） 　　十、违约责任（略） 　　十一、争议处理（略） 　　十二、其他约定（略） 　　十三、本劳动合同一式两份，甲、乙双方各执一份。经甲、乙双方签章生效，涂改或冒签无效。	劳动合同除必备条款外，用人单位与劳动者可以约定试用期、培训、保守秘密、补充保险和福利待遇等其他事项。 　　这是一份依据新的《劳动合同法》制定的劳动合同格式文本，简明具体，条款完备。

续表

例　文	评　析
甲方：＿＿＿＿（盖章）　乙方：＿＿＿＿（签名或盖章） 法定代表人：＿＿＿＿＿（或委托代理人） 其他协商内容：＿＿＿＿＿＿＿＿＿＿＿＿＿＿。 20 年××月××日　　　　20××年××月××日 　　　　　　　　　　（资料来源：法律教育网）	约尾包括署名和日期。

思考与实践

完成案例导入中劳动合同文本的写作。

第三节　项目招标书

 案例导入

　　新元村将对村级公路进行路面硬化，需要硬化的道路长约5 200米，路面宽约4.5米，要求混凝土强度等级为C25，厚度为20厘米。为坚持公开、公正、公平竞争的原则，达到确保工程质量，缩短建设工期，提高投资效益的目的，决定采用公开招标的方式，择优选定施工单位。

　　新元村决定本工程按中标价以包工包料的方式进行承包。中标单位不得将工程倒手转包，否则取消其该工程项目的中标资格。要求中标单位按国家规定施工规范和质量标准施工，工程质量必须符合工程设计和现行施工验收规范要求，工程竣工时必须达到县交通局验收合格标准。中标单位必须委派持资质证书的项目经理任项目负责人，具有5年以上施工经历的工程师任技术负责人，具有5年以上施工经历（或类似工程施工经历）持中级上岗证的施工员任现场施工员。在施工过程中项目经理、技术负责人、施工员、质检员、安全员必须持证上岗。

　　要规范农村集体资产资源承包和工程项目招标活动，就必须学会拟写规范、严谨的招标书。

请补充相关材料，以××县××乡新元村委员会的名义撰写一份招标书。

招标是优选合作对象、实现公平竞争的经济活动。我国最先在建筑行业实行招标制度，现已扩大到大宗商品采购、生产经营、项目管理等各个层面。

近年来，随着乡镇（街道）、村两级经济规模的迅速壮大和新农村建设的全面推进，乡镇招投标活动日益增多。

实例：某镇办事处公共资源交易中心自 2013 年成立以来，不断规范工作机制，先后对 3 家村委会的 5 宗资产资源进行了公开交易，对 2 项村级工程进行了公开招投标，涉及金额 100 多万元，提高了村级资源的利用效益，受到了群众欢迎。"以前工程项目是村干部说给谁做就给谁做，现在公开招投标，即公平又节约成本，这样符合我们群众的意愿。"在一次村巷道建设工程项目招标活动中作为群众观摩团成员的田某，对政府的这一举措表示赞同和认可。

项目招标书又叫项目招标说明书，是项目招标活动中公开使用的，公布项目招标有关事项和要求，从而招使众多的投资者前来投标，达到优选项目投标者目的的文书。

一、项目招标书的分类

项目招标书有各种不同的分类方法。按时间分，有长期招标书和短期招标书；按范围分，有国际投标书和国内投标书；按性质和内容分，有工程建设招标书、商品交易招标书、选聘企业经营者招标书、企业承包招标书、企业租赁招标书、劳务招标书、科研课题招标书、技术引进或转让招标书等。

二、项目招标书的特点

1. 明确性

发布项目招标书的目的就是要将项目招标的有关事项明确地告知于人，以吸引人们参与投标。因此，项目招标书具有明确性。

2. 具体性

项目招标书是涉及具体项目的文书，其内容越具体，越能引导人们通盘考虑是否投标竞争，不能笼统抽象，含糊不清。因此，项目招标书具有具体性。

3. 规范性

项目招标书是签订合同的依据，写作要规范，内容应符合国家法律法规、

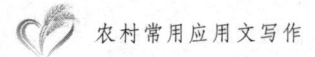

行业规范等。因此，项目招标书具有规范性。

4. 竞争性

项目招标的目的是要"货比三家"，择优录用，项目招标书的内容和语言要表现出竞争性。

三、项目招标书的格式与写法

由于招标的项目不同，招标的条件不同，招标书的写法也不尽相同，但一般应具备下列四部分的内容及结构形式。

1. 标题

（1）完备式标题

由"招标单位名称＋项目名称＋文种"组成，如"××乡××村路灯安装工程招标书"。

（2）省略式标题

任意选择招标单位、招标项目名称中的一项加"文种"，或仅写文种"招标书"。

2. 正文

正文由引言、主体部分组成。引言简要写明招标的目的依据、项目名称及招标单位的基本情况等。

主体部分一般用条文式，也可用表格式，详细说明招标的有关内容和要求事项，一般包括：

第一，招标项目。交代清楚招标的内容及要求。如商品交易的招标应写明商品的名称、数量、质量、规格、型号等，工程建设项目的招标应写明工程建设的地点、内容、质量、工期等。

第二，招标范围。应写明招标的范围、投标人条件、要求等方面的内容。

第三，招标步骤。应写明招标的方式、程序、期限、报名的时间与地点、发售文件的日期价格、开标的日期和地点等。

第四，需要投标者知晓的其他事项。在大型的招标中，为了正文的简洁，而把复杂的内容或技术性的要求，如建筑工程的工程质量要求、材料质量、建筑图纸、技术规格等有关内容，作为附件列于文后或者编文另发。

3. 结尾

项目招标书的结尾，应写明项目招标单位名称、地址、联系人、联系电话、传真、邮政编码等，以便投标者参与。

4. 落款

落款处写明制定项目招标书的单位和日期。

四、项目招标书的写作要求

1. 招标方案应切实可行

招标方案既要科学、先进，又要适度、可行。

2. 语言表述简明、准确

无论是定性还是定量说明，都应准确无误，没有歧义。也忌没完没了地胡乱罗列、堆砌。

3. 语气谦和

项目招标书涉及的是交易贸易活动，要遵守平等、诚恳的原则，切忌盛气凌人，更反对低声下气。

例文与评析

例　文	评　析
××乡府前街程控电话入地及路灯架设工程招标书 　　为了改善××乡府前街集镇环境，美化、亮化街道，提高民众生活质量，经乡党委政府集体研究，决定实施府前街程控电话线入地和路灯架设工程建设。为坚持公开、公正、公平竞争的原则，达到确保工程质量，提高投资效益的目的，现将程控电话线入地和路灯架设工程的部分工程实行公开招标。 　　一、招标人名称：××乡人民政府。 　　二、资金来源：乡级自筹资金。 　　三、承包方式：包工包料。 　　四、工程招标内容：××乡府前街程控电话入地及路灯架设工程，预算总价为_____元。具体内容为： 　　①切割、破碎府前街原路基东边水泥地，并开挖一条宽50厘米，深60厘米的沟，全长2 000米。 　　②在沟中预埋三根管道后，先用水泥凝合土垫层后，再用水泥混凝土硬化。 　　③在原线开挖并砌起25个程控电话工作井和硬化40盏路灯基座。 　　五、工程施工要求：略。 　　六、工程质量要求：路灯基座及电信工作井按各行业标准，硬化质量按县道公路建设标准。	标题由单位名称、招标项目和文种构成。 　　前言说明了招标目的、方式。

续表

例　文	评　析
七、投标人资质要求：具备建设行政主管部门核发的市政工程施工总承包三级及以上的资质的独立法人资格的施工企业。 八、资格审查：采用资格后审方式。投标人在开标时应出具加盖公章的企业资质证书复印件、营业执照复印件、授权委托书等有关证件。 九、投标文件组成： 1. 投标报价书； 2. 企业资质证书复印件（加盖公章）； 3. 企业执照复印件（加盖公章）； 4. 工程量清单报价表； 5. 授权委托书； 6. 建造师证书复印件（加盖公章）。 十、投标文件装订、包装、密封：投标文件应按顺序装订成册，密封在一个外包封内，外包封袋应加盖投标人公章及法人章。投寄或派员直接将投标文件送××乡招投标监管服务中心，收件至××××年×月×日截止。另每标须交纳履约保证金×××××元（以存入账户进账单为准，账户名称：××乡会计委托代理服务中心，账号：××××××××××××××，开户行：中国邮政储蓄银行××县支行）。 十一、投标报价说明：本工程预算造价××××××元，按预算造价降标12%，业主限控价为××××××元，投标报价高于业主限控价无效。 十二、领取招标文件地址：××乡招投标监管服务中心。 十三、领取招标文件时间：2015年9月3日至2015年9月7日，上午8时30分至11时30分，下午3时30分至5时30分。 十四、开标时间及地点： 1. 开标时间：2016年5月9日（星期一）下午15：30； 2. 开标地点：××乡招投标监管服务中心。 十五、评标方法：采用经评审的最低价中标法。 联系人：李小姐　　联系电话：×××××××× 传真：×××××××× 招标单位地址：××乡府前街××号 　　　　　××乡招投标监管服务中心 　　　　　20××年××月××日	主体部分明确了招标人、资金来源、施工的具体内容、施工要求及质量要求、投标要求、招标步骤等事项。 本招标书对招标项目内容及要求介绍清楚。对投标人及投标书的要求说明清晰，招标程序明确、具体。不足之处是验收及付款方式未作说明。

齐全，市场运转状况良好，具有较强的经营实力和经营优势，目前在新田乡集镇大市场有生活、文体超市各一个。经过多年的经营积累，与各大商场、厂家都建立了稳固的供货关系，确保了进货渠道正规、商品质量可靠，参与此次竞标具有一定的竞争优势。鉴于此，乐乐购超市公司决定参与这次竞标。

请以乐乐购超市公司的名义撰写一份项目投标书。

投标是指投标人应招标人的邀请，根据招标书或招标单位的规定条件，在规定时间内，向招标方报价，争取中标而达成交易的行为。项目投标书是项目投标单位根据项目招标书的招标条件和要求，做出响应和承诺，并同时提出具体的标价及有关事项来竞争中标，于规定时间报送给招标单位的文书。

一、项目投标书的分类

项目投标书有各种不同的分类方法。按投标方人员组成情况分，有个人投标书、合伙投标书、集体投标书、全员投标书和企业投标书等；按范围分，有国际投标书和国内投标书；按性质和内容分，有工程建设项目投标书、商品交易投标书、选聘企业经营者投标书、企业租赁投标书、劳务投标书等。

二、项目投标书的特点

1. 竞争性

由于项目招标方将通过项目投标书来选择中标者，因此，这就注定项目投标书具有竞争性。项目投标方应利用项目投标书来说明自己的实力，以增加竞争力。

2. 约束性

项目投标书一旦送达招标方，它就具有了约束性。招标方将就投标方递交的项目投标书来展开评标、定标等系列工作，此时投标方不得再更改投标书中承诺的内容。制作投标书时投标方对投标书承诺的各项条件（包括项目标价、规格、数量、质量及进度要求等），务必保证其可行性，一旦中标，必须严格履行承诺，不能反悔。

3. 限定性

招投标活动一般都有严格的时间限定，项目投标书必须在限期内递交至招标单位，过期将视同自动放弃。同时，对投标项目的进度、质量要求也有严格的限定。

4. 针对性

项目投标书的内容皆是按照招标方提出的项目、条件和要求而写，针对性强。

三、项目投标书的格式与写法

项目投标书一般由以下几个部分组成：

1. 标题

（1）完备式标题

由"投标单位名称＋项目名称＋文种"组成，如"××公司承租××商铺投标书"。

（2）省略式标题

任意选择投标单位、投标项目名称中的一项加文种，如"××公司承包××学院新校区工程投标书"；或仅写文种"投标书"。

2. 主送单位

即对招标单位的称呼，在标题下隔行顶格写。这一项有时也可以省略。

3. 正文

项目投标书主体的写法比较灵活。由于投标的项目不同，各招标单位的要求不同，投标书正文的写法也自然不同。但无论怎么写都要做到数据准确、分析有理、标价适当、方法妥当、措施可行，让招标方信服。一般由引言、主体部分组成。

（1）引言

引言又称前言，简明扼要地说明投标的依据、指导思想和投标的意愿。开宗明义，提纲挈领。

（2）主体

这是项目投标书的核心部分，要依照招标书的要求，认真细致地写好以下内容。

①介绍投标企业的现状，说明具备投标的条件。

②投标的具体指标。要精准核算并承诺完成招标项目的各项经济指标。不同类型标的的投标项目，需要写明的指标是不同的。如建筑工程项目投标，要写明工程的总报价及对价格组成的分析、计划开工和竣工日期、主要材料指标、施工组织和进度安排、保证达到的工程质量标准等。若为承包企业投标，要写明生产指标、税金指标、费用率、利润率、周转资金等项经济指标。

③完成指标的具体方法、手段和措施。要写明实现指标、完成任务的技术组织措施，这是具体指标和任务完成的保障。

④提出需要招标方配合与支持的要求。此外，根据招标方提出的要求填

写标单等。

4. 结尾

结尾处写明投标单位的名称、地址、电话、传真、所在地邮编、投标日期等，以便招标单位进行联系。

5. 附件

项目投标书一般都有附件，如资格证明材料、标价明细表、工程量清单等各项表格及材料。

6. 落款

在正文右下方注明投标单位或个人名称，并加盖印章。注明投标书的撰写日期。

四、项目投标书的写作要求

1. 明确招标要求，做到有的放矢

投标人在制作投标书时，必须对招标文书进行反复学习、理解，明确招标文书中提出的要求，使投标书的制作有的放矢。若对招标文书提出的要求不明确，理解错误，就会违背招标方的要求，导致废标。

实例：某招标书中要求投标人在投标书中提供近 5 年建筑施工记录，而某投标者将"近 5 年"，理解为"近年"。某招标书要求投标人必须具有该货物的经营许可证，而投标书对此要求未做出响应。诸如此类原因导致形成的投标书违背了"招标须知"，成为废纸一张。

2. 表达投标意愿，体现竞争实力

投标活动的显著特点就是竞争性强，因此，投标书的写作不但要明确表达投标意愿，更要突出本单位的实力、优势和特色，增加中标机会。除了价格方面，"公司简介""项目实施方案""技术措施""服务承诺"等都是投标书的重要部分，也是体现投标者是否具有竞争实力的具体表现。投标人对这些内容不要忽视，要进行认真、详尽地表述，以增加投标竞争力，也表达对此招标项目的重视程度和诚意。

3. 重视细节部分，注意严谨细致

制作投标书的时候，也要重视一些细节，做到严谨细致。不要因为粗心大意而影响全局。如是否按要求签字盖章，附件资料是否齐全，表格填写是否有遗漏，文字打印是否正确，语言表达是否规范等。

4. 表述客观，讲究实事求是

投标书对本单位的实力介绍要客观，引用的数据要准确、真实，确定的目标要可信，制定的措施要可行。切不可为了增加中标机会而夸大其辞，采取欺骗手段。

例文与评析

【例文一】

例 文	评 析
承包商业综合楼工程施工投标书 ××××： 根据贵单位××年××月××日工程招标文件，经详细研究，我单位决定参加该工程投标，具体说明如下： 一、综合说明 本工程位于××××，商业综合楼一幢。建筑面积 11 200 平方米，设一层地下室和地上六层，楼全长 82 米，宽 40 米，主楼高 33 米。结构型式为人工挖孔桩、现浇钢筋混凝土地下室基础，现浇钢筋混凝土框架结构。外粉全部，玻璃马赛克贴面，内粉混合砂浆采面涂料，全部水磨石地面。 二、投标报价表：（略） 三、主要材料耗用指标：（略） 四、工期：开工日期：＿＿＿年＿＿＿月＿＿＿日 竣工日期：＿＿＿年＿＿＿月＿＿＿日 施工天数：520 天 五、工程计划进度：（略） 六、质量保证 全面加强质量管理，严格操作规程；加强各分项工程的检查验收，上道工序不验收，下道工序决不上马；加强现场领导，认真保管各种设计、施工、试验资料，确保工程质量达到全优。 七、主要施工方法和安全措施 安装塔吊一台，机吊二台，解决垂直和水平运输；采取平面流水和立体交叉施工；关键工序采取连班作业；坚持文明施工，保障施工安全。 八、施工质量监督和管理（略） 九、对招标单位的要求 招标单位提供临时设施占地及临时设施×间，我们将合理使用。 投标单位：＿＿＿＿＿＿＿＿＿＿＿＿＿＿＿ 地址：＿＿＿＿＿＿＿＿＿＿＿＿＿＿＿＿＿	省略式标题，由"投标项目名称＋文种"组成。 引言部分表明了投标的依据和意愿。 主体部分对投标指标说明清楚，介绍了工程简况，对标价、耗材指标、工期、计划进度等事项有明确说明，还包括了工程质量的承诺、主要施工方法的介绍、监督管理的办法等，内容较详尽。对招标单位的要求也合情合理。 结尾部分信息齐全，便于招标单位联系。文末附件有助于招标单位对投标单位建立信心。是一份写得较完整、规范的投标书。

续表

例　文	评　析
邮编：_____ 　　负责人：_____ 　　电话：_____；传真：_____；邮箱：_____ 　　附件：1. 本公司基本情况介绍。 　　　　　2. 营业执照。 　　　　　3. 资质等级证书。 　　　　　4. 项目经理简历表。 　　　　　5. 准备参加本工程施工的项目负责人和主要技术、经济管理人员情况表。 　　　　　6. 投于本工程施工的主要机械、设备。	

【例文二】

例　文	评　析
项目投标书 　　致：_____ 　　根据贵方为_____项目招标采购货物及服务的投标邀请_____（招标编号），签字代表_____（全名、职务）经正式授权并代表投标人_____（投标方名称、地址）提交下述文件正本一份和副本一式_____份。 　　1. 开标一览表。 　　2. 投标价格表。 　　3. 货物简要说明一览表。 　　4. 按投标须知第 14、15 条要求提供的全部文件。 　　5. 资格证明文件。 　　6. 投标保证金，金额为人民币_____元。 　　据此函，签字代表宣布同意如下： 　　1. 所附投标报价表中规定的应提供和交付的货物投标总价为人民币_____元。 　　2. 投标人将按招标文件的规定履行合同责任和义务。	省略式标题。仅写文种"项目投标书"。 　　如果配上封面，完善各项文件内容，就是一套完整的投标文书。格式条款完备，语言简洁。

续表

例 文	评 析
3. 投标人已详细审查全部招标文件，包括修改文件（如需要修改）以及全部参考资料和有关附件。我们完全理解并同意放弃对这方面有不明及误解的权利。 4. 其投标自开标日期有效期为_____个日历日。 5. 如果在规定的开标日期后，投标人在投标有效期内撤回投标，其投标保证金将被贵方没收。 6. 投标人同意提供按照贵方可能要求的与其投标有关的一切数据或资料，完全理解不一定要接受最低价格的投标或收到的任何投标。 7. 与本投标有关的一切正式往来通讯请寄： 地址：_____ 邮编：_____ 电话：_____ 传真：_____ 投标人代表姓名、职务：_____ 投标人名称（公章）：_____ 日期：_____年_____月_____日 全权代表签字：_____ <div align="right">（资料来源：写作网）</div>	

思考与实践

一、收集农村常用项目投标文书范本，体会其结构、语言要求。

二、判断下列说法的正误。

1. 项目招标文件反映了招标单位的目的和要求，作为投标者，必须"投其所需"。

2. 项目投标书介绍己方的优势可以适当拔高。

三、请按照项目投标书的写作格式要求，指出下面这份项目投标书存在的问题。

学校食堂承包经营投标书

××小学：

根据贵校食堂承包的要求，遵照《食堂承包招标投标管理办法》的规定，我单位经考察现场和研究学校食堂投标须知、合同条件后，我方愿按上述合同条件和其他有关文件的条件承包贵校食堂的就餐管理。

一、管理方面的承诺

（一）一旦我方中标，我方保证在 2015 年 8 月 25 日前完成学校食堂学生就餐事宜。

（二）尊重校方的指导意见，加强与校方的交流和沟通。

1. 定期向校方汇报工作情况，征求校方的意见和建议。

2. 定期了解师生对食堂的意见和建议。

3. 按时交纳承包费、水电费和其他应交的费用，不拖不欠。

4. 设立意见箱，随时听取师生的呼声，接受师生的监督，尽力满足他们的合理化要求和合理化建议。

（三）保证按点、按时开饭，聘请的工作人员达到学校食堂管理要求。

（四）对工作人员不断进行思想教育和安全教育，不断提高他们的素质和能力。

（五）对工作人员实行量化考核管理。鼓励他们不断推陈出新，一旦其合理建议被采纳，则视具体情况给予物质奖励。

二、人员配置（略）

三、经营方针

以服务学生为核心，靠优质的服务，靠不断翻新饭菜品种花样，赢得荣誉；以实惠、卫生、可口、薄利多销为基本原则；听从校方的管理，遵守各项法律、法规和规章制度，按《中华人民共和国食品卫生法》严格操作规程，保证让学校放心，让师生满意。

四、质量承诺

1. 严把质量关，保证销售或使用的食物不出现变质、过期等情况，禁止销售"三无"产品。

2. 努力增加花色品种供应，不断推出新菜品，调整新花样，积极引进不同风味、不同特色的菜肴。

3. 接受学校领导及上级主管部门的监督检查。

××餐饮管理有限公司

2015 年 3 月 5 日

四、完成案例导入中项目投标书的制作。

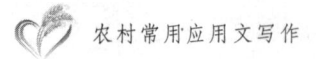
第五节　项目协议书

案例导入

桃磊乡张三、李四、王五三人合伙承包经营××江北堤码头砂卵石供应。股份分配是这样的：张三占50％，李四占30％，王五占20％。经营管理由张三负总责，王五当出纳，同时聘用王五为铲车司机，负责砂卵石铲运，年薪为50 000元。另外，聘用胡六为会计，负责日常砂卵石进出计数和日常账目管理，年薪为40 000元。三人还商定，采用民主管理，账目公开的原则，码头进货事宜要由三人共同商议，共同出资，风险也共担。要求王五对现金妥善保管，遗失或错漏由个人负责；要求胡六每日及时记账，并于当日与王五核对，每月底汇总，计算利润，并通报三人。每年的利润抽5％给张三、王五作干股（每人2.5％），其余95％的利润按股份多少分配。为稳妥起见，三人决定就上述口头约定事宜签一份书面协议。

在社会生活中，项目协议书可以保障订立协议双方或多方各自的合法权益，实现一定的共同利益、愿望。

如何签订规范、明确的协议书呢？

项目协议书指国家、政党、企业、团体或个人就某个项目经过谈判或共同协商，取得一致意见后，订立的一种具有经济或其他关系的契约性文书。项目协议书可以作为正式合同的"前奏"，也可以作为已订立合同书的补充或修订。如果项目协议书的条款已具备双方权利和义务的明确规定，则项目协议书可以直接作为合同书使用。书面协议书能监督双方或多方信守诺言，约束轻率反悔行为，提示当事人正确地适时履行义务。当发生协议纠纷时，也便于分清责任，正确、及时地解决纠纷。口头协议则完全基于当事人双方的信赖关系，一旦一方否认协议的全部或部分内容，另一方很难举证。

实例：徐某负责的工程开始施工，金某找到徐某，想要承包工程的管道安装工作，于是双方口头约定由金某负责工程的管道安装工作，安装完毕后由徐某支付金某全部工程款。金某按照双方的约定完成了安装工作，徐某却只支付了部分工程款。之后，金某多次向徐某索要剩余的工程款，徐某总是找各种理由搪塞。无奈之下，金某诉至法院，要求徐某支付所欠工程款。

律师建议：在能够采用书面协议的情形下，最好采用书面形式，以此来维护自己的权益，避免不必要的纠纷；如果选择口头协议，则要慎重选择协议的对象，最好事先了解对方的信用及资产状况；在进行口头协商时，要有与双方都没有利害关系的第三人在场；在协议履行的过程中，要及时保留相关的证据，适时地关注对方对合同履行的状况等。

一、项目协议书的分类

项目协议书有各种不同的分类方法。按事由分，有商务协议书、事务协议书等；按协议双方所处地域或隶属关系分，有涉外协议书、普通协议书、（单位）内部协议书等；按协议项目内容分，有联合经营协议书、商品交易协议书、劳务协议书、服务协议书、承揽协议书、供给协议书等。

二、项目协议书的特点

1. 便宜性

项目协议书虽然是一种具有合同性质的契约，但又不像订立合同那样详尽、严谨，往往是共同协商的原则性意见，使用起来不受固定程式的限制，非常方便、灵活。

2. 约束性

项目协议书是双方当事人共同协商的结果，双方对协议的内容都有履行的义务，任何一方违背协议，都要承担相应的责任或承担法律后果，因此，协议书具有约束性。

三、项目协议书的写作格式与写法

项目协议书一般由标题、约首、正文、约尾四部分组成。

1. 标题

项目协议书的标题有完备式标题与省略式标题两种：

（1）完备式标题

由"协议双方单位名称＋事由＋文种"组成。如"大地科技开发中心与恒达公司合作经营协议书"。

（2）省略式标题

省略单位名称，即"事由＋文种"，或仅写文种"协议书"。

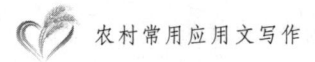

2. 约首

约首要写明签订协议的双方（或多方）单位名称和代表人姓名。为了行文方便，习惯上规定一方为甲方，另一方为乙方，如有第三方，可简称为丙方。在协议中不能用"我方""你方""他方"作为代称。

3. 正文

项目协议书的正文一般由引言、主体、结尾等部分组成。

（1）引言

主要写明双方签订协议的依据、目的和双方"信守"的表态。常用"达成以下协议""双方经过协商，达成如下协议"或"甲乙双方本着友好互利的原则，经过协商，达成如下协议"等，过渡到下文。

（2）主体

主体是项目协议书的主要内容，写明当事人双方或多方商定的事项。多采用分条列项的方法，关键要写清各自享有的权利和应承担的义务，包括协议的项目、达到的要求、完成的时间、利润或报酬价款的处理、违约责任等。因协议的项目不同，约定的条款内容也各不相同。有的协议写的是原则性、单纯性的条款，有的写得比较详细。

（3）结尾

写明项目协议书的份数和各执情况，以及生效标识。

4. 约尾

在正文下方分别写明合作单位名称（全称）、各自代表的姓名、当事人签字或加盖印章，有的还应写清双方（或多方）的身份证号码、地址、电话、开户行、账号、电报挂号等。表明协议书签订的日期，年、月、日均需写全。

四、项目协议书的写作要求

1. 关键事项要明确

无论是什么类型的项目协议书，对于议定的关键事项，如性质、规模、价款、期限、利润分配等内容必须清楚明确，仔细审校。

2. 关键文字要精准

项目协议书的语言要求简明、严谨，尤其是关键处的文字表达一定要精准无误。

五、协议书与经济合同的异同

1. 协议书与经济合同的共同点

协议书与经济合同都是双方或多方当事人之间设立、变更、终止民事关系的一种契约。因此，从广义上说，协议书与经济合同是一致的，都是维护当事人的合法利益的。从狭义上说，如果当事人之间是围绕着某种经济目的，通过协商一致而确立了标的，明确了各自的权利与义务而签订的协议书，这种协议书的内容表达、法律效力、社会效果等，与经济合同是完全相同的。

2. 协议书与经济合同的不同点

（1）从相互关系来看

协议书与经济合同的关系是种属关系，经济合同是协议书中的重要一种，合同都属于协议书。协议书可以包容经济合同，但经济合同无法包容协议书。因为协议书的内容比经济合同要宽广得多，丰富得多，涉及的范围广得多。联营、经销、加工承揽、调解、仲裁、赔偿、保险、技术合作等凡当事人协商一致的内容都可以签订协议书。

（2）从表达方式来看

经济合同力求全面周详，除了必备的条款之外，一些细枝末节，也要力求完整地表达出来。协议书一般较简短，签订的往往是共同协商的原则性意见。

📖 例文与评析

例　文	评　析
技术合作协议书 订立协议双方： 　　××建筑工程公司（以下简称甲方） 　　××装修设计公司（以下简称乙方） 　　为发挥双方的优势，共谋发展，并为今后逐步向组成集团公司过渡，双方经过充分友好的协商，特订立本协议。 　　一、建立密切的技术合作关系，今后凡甲方承接的工程，装修设	省略式标题，省略单位名称，即"事由＋文种"。约首写明签订协议的双方单位名称。

续表

例　文	评　析
计任务均交给乙方承担。 　　二、乙方保证，在接到任务后，将立即组织以高级工程师为领导的精干设计队伍，在 10 日内提出设计方案，并在方案认可后一个月内完成全部设计图纸。 　　三、为保证设计的质量，甲方将毫无保留地向乙方提供所需的一切建筑技术资料。 　　四、装修施工队伍由甲方组织，装修工程的施工由甲方组织实施。施工期间，乙方派出高级工程师监督施工，以保证工程的质量。 　　五、甲方按装修工程总费用的千分之×向乙方支付设计费。 　　六、本协议自签订之日起生效。 　　七、本协议书一式两份，双方各执一份。 　　附件：××建筑装修工程集团公司组建意向书一份。 甲方 ××建筑工程公司（盖章）乙方 ××装修设计公司（盖章） 法人代表：××（签字）　　　法人代表：××（签字） 20××年×月×日　　　　　　20××年×月×日 甲方地址：×××××　　　乙方地址：××××× 邮政编码：×××××　　　邮政编码：××××× 电话兼传真：×××××　　电话兼传真：××××× 银行账号：×××× 联系人：×××	主体部分双方就合作的重要事项进行了约定。 　　这是一份建筑工程公司和装修设计公司技术合作项目协议书格式文本。格式完整，语言简洁。

思考与实践

一、收集农村常用项目协议书范本，体会其内容、语言要求。

二、根据下列材料拟写一份商品交易项目协议书。

黄石村黄某有五菱荣光 2012 款 1.2 升手动挡面包车 5 辆，2013 年 10 月买入，现以每辆 26 000 元的价格转让给火塘村的刘某，车辆行驶证、机动车辆登记证等各类证件齐全，备胎、千斤顶、钥匙等备件也齐全。双方约定：刘某确认所购车辆的目前实际状况，不得以车况为由中途退车；黄某保证该车的来源合法，手续齐全、真实有效，并承担因该车和手续不合法引起的法律责任；刘某一次性付清全车款，办理提车手续；黄某应主动积极按刘某的要求备齐过户所需资料，并协助刘某办理过户手续；刘某应在提车后 5 日内由黄某配合办理过户手续，如逾期未办理，应向黄某支付违约金；如未能将车辆过户手续办妥（车管部门造成的延误除外，届时双方协调解决），刘某有权提出退车，但应维持该车交付时的状态，黄某将已付的购车款如数退还给刘某。

三、完成案例导引中项目协议书的写作。

第六节　可行性研究报告

 案例导入

某村位于洞庭之滨，交通便利，有一四面环水小岛，实际面积约 2 000 亩，是一个天然牧场，牧草丰富，有良好的饲养条件和防动物疫病屏障。为充分利用优越的自然条件和便利的交通优势，某村养殖专业合作社欲投资 120 万元，面向市场，发展肉牛养殖。

作为项目负责人，如何展开调查研究来撰写该项目的可行性研究报告，为合作社决策提供依据呢？

可行性研究，也叫可行性分析，通俗地说就是确定"做还是不做"的问题。在进行任何一项较大的项目时，都需要进行可行性研究。没有认真地分析、研究，盲目跟风，主观臆断，可能导致投资的失败。

实例：生猪养殖户张某，2006 年办起了养猪场，由于资金有限，张某的猪场年出栏 600 头左右，在当地虽属于小规模养殖，收入还算不错。没想到 2006 年年底的一场高热病，让他的猪死了一大批，猪场立即由盈利转为亏损。正因为疾病，当年全国存栏的生猪数量大幅减少，造成 2007 年猪价大涨，毛猪达到 18 元/公斤。张某看到这种情况，2007 年借款筹资 50 万扩建猪场，扩大养殖规模。结果养殖户们看到有利可图，大家一哄而上。而 2008 年出栏生猪太多，价格下跌，张某的养猪场依然亏损。

行业人士分析说，疫病风险和市场风险是对养猪户的两大考验。养殖业要充分分析养殖的环境、设施、技术条件，要有规避疾病风险的措施能力。如果掌握信息不完全，养猪户只根据局部地区短时间内的供求关系和价格变动安排生产，这就难免陷入"生猪卖难—价格下跌—宰杀母猪—生猪减少—供应短缺—价格上涨—养殖增加—生猪卖难"的怪圈。

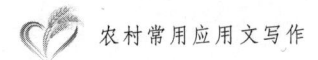

可行性研究报告是在制订生产、基建、科研计划的前期，通过全面地调查研究，分析论证某个建设或改造工程、某种科学研究、某项商务活动等的可行性和效益性的一种书面材料，可为项目的决策提供可靠的依据和建议。撰写可行性研究报告是投资决策前的一项重要工作，可行性研究报告是决策的科学依据，是项目获得认可、申请信贷支持等的论证文件。

一、可行性研究报告的分类

可行性研究报告有各种不同的分类方法。按项目规模分，有一般项目（小项目）可行性研究报告和大中型项目可行性研究报告；按决策阶段分，有机会可行性研究报告、初步可行性研究报告、最终可行性研究报告；按内容分，有政策可行性研究报告和建设项目可行性研究报告等。

二、可行性研究报告的特点

1. 科学性

可行性研究报告作为研究的书面形式，反映的是对行为项目的分析、评判，这种分析和评判应该是建立在客观基础上的科学结论，要求材料真实可靠，研究过程客观全面，分析论证严密，所以科学性是可行性研究报告的第一特点。

2. 详备性

可行性研究报告的内容越详备越好。如果是关于一个项目的报告，一般说来，应从它的自主创新、环境条件、市场前景、资金状况、原材料供应、技术工艺、生产规模、员工素质等诸多方面，进行必要性、适应性、可靠性、先进性等多角度的研究，将每一种数据展现出来，进行比较、甄别、权衡、评价。只有详尽完备地研究论证之后，其"可行性"或"不可行性"才能显现，并获得批准通过。

3. 专业性

可行性研究是一项专业性很强的工作，往往涉及自然科学、社会科学、人文科学等知识，涉及的专业理论往往既有深度，又有广度。因此要请各方面的专家共同研究。尤其是大中型的可行性研究报告，更要慎重。

三、可行性研究报告的格式与写法

可行性研究报告的格式内容因其所属行业、项目内容、规模大小、复杂程度的不同而异。

一般由标题、正文、附件组成。大型可行性研究报告要有封面和目录。

1. 标题

（1）完备式标题

由"项目主办单位名称＋项目内容＋文种"组成。如"新地公司能源综合开发项目可行性研究报告"。

（2）省略式标题

省略单位名称，即"项目内容＋文种"。

（3）变通式标题

也可以将论证得来的结论作为标题，如"××工程宜早日兴建"。

2. 正文

正文一般包括引言、论证、结论三部分。

（1）引言

引言是对项目作总的说明，即总论。总论的内容一般包括项目的背景依据、项目的历史、项目概要以及项目承办人四个方面。总论的实质是对项目简明扼要地做一个概述，即得出的结论或建议。写作时既要保证总论的内容完整、重点突出，又要注意与后面内容相照应。

（2）论证

这是可行性研究报告的核心，是结论和建议赖以产生的基础。要求使用系统分析的方法，以经济效益为核心，围绕影响项目的各种因素，运用大量的数据资料，全面论证该项目是否可行。

各类可行性研究报告的论证内容各有侧重，但概括起来，主要是以下三个方面。

①市场研究。着重论证（解决）项目的必要性问题，这是可行性研究的前提。

②工艺技术研究。着重论证技术上的可能性问题，这是可行性研究的基本条件。

③经济效益研究。着重论证项目的合理性问题，这是可行性研究报告的重点。

在具体写作过程中，人们常根据项目内容把这三个问题分成多个专题来写。如，一份基地建设项目可行性研究报告可将其分为下列专题来写。

市场调查情况：通过市场调查情况来论证项目实施后进入市场的前景。主要包括现有生产能力、市场需求、市场预测、建设与投产等情况。

资源与原料及协作条件：主要包括勘察资源的储量、品味、成分等的情况，原材料、辅助材料，燃料的种类、数量、来源等，以及水、电等公用设

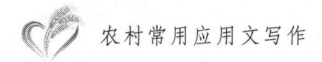

施的供应方式与条件。

选址方案：主要说明选址理由，如地理位置、气象、地形、地质、交通运输等条件。

项目技术方案：项目所采用的设备、工艺技术，评估其是否先进，是否符合国情等。

环保方案：调查环境现状，预测项目对环境的影响，提出环境保护和"三废"（废气、废水、废渣）治理的初步方案。

工厂管理机构和员工方案：包括生产管理体制和机构设置方案的论证，劳动定员和配备方案，人员培训和费用估算等。

项目实施计划和进度方案：包括勘察设计、设备购置、工程施工安装、生产所需时间及进度要求，整个工程项目的实施计划方案和进度的选择方案，最佳计划方案的选择理由等。

资金筹措：包括项目的总投资、各项基本费用和流动资金的估算，资金的来源（一般有政府拨款、银行贷款、单位自筹、集资等）、筹措方式及贷款的偿付方式。

经济评价：对项目投资的收支、盈亏情况等财务问题作客观、缜密地分析。如分析销售计划、管理费用、总投资额、现金流量、投资回收期内部收益率、收支平衡分析、项目风险和不确定性，还要分析项目对国民经济的宏观效果和对社会的影响。

（3）结论

根据以上各方面的研究论证，明确得出项目是否可行的结论。结论单独作为一部分列出。

3. 附件

即必须附上的有关资料或证明材料。包括有些篇幅较长、类别较多的统计资料及说明文字，主要包括项目建议书、批准书、有关协作意向书、可行性研究委托书、地址选择报告、引进设备专题报告批复、产品市场预测资料以及工程项目一览表和设备材料一览表等。

四、可行性研究报告的写作要求

1. 全面占有材料，并且确保材料真实、可靠

要求撰稿人必须深入细致地展开调查研究，掌握详细的资料，以确保结论符合客观实际。

2. 围绕中心组织材料，详略得当

仅仅围绕可行性这一中心来组织材料，有主有次，详略得当。与结论相关的材料，如果不宜写入正文的，应作为附件附上。

3. 条理分明，语言准确、简明

写作时必须做到层次清晰，语言准确、简练。

📖 例文与评析

例 文	评 析
某镇闵家村休闲农业基地建设项目可行性研究报告提纲（提纲） 第 1 章 　总　　论 1.1　项目背景 1.2　项目概况 1.3　结论与建议 　第 2 章　项目提出背景及建设必要性 2.1　项目提出背景 2.1.1　项目建设政策背景 2.1.2　项目建设地社会经济概况 2.1.3　项目区概况 2.1.4　项目提出理由与过程 2.2　项目建设必要性分析 2.2.1　是发展农业和农村经济的需要 2.2.2　是农村产业结构调整、加速农业产业经营的需要 2.2.3　是扩大农村劳动力就业和增加农民收入的需要 2.2.4　有利于促进城乡融合，统筹城乡发展，建设和谐农村 　　第 3 章　市场预测 3.1　国内休闲生态农业发展现状与趋势 3.2　市场分析 　　第 4 章　建设规模与建设方案 　　　第 5 章　场址选择 5.1　项目所在位置概况 5.2　项目选址条件 5.3　项目所在区域自然环境条件	这是一篇写得较规范的论证建设项目的可行性研究报告。第 1 章总论部分介绍了项目的背景、项目概况、结论和建议，内容完整，重点突出，又与后面的内容相照应。 　　第 2 章到第 17 章为论证部分，以经济效益为核心，从十六个方面加以论证，分析客观、全面、深入。

续表

例　文	评　析
第 6 章　工程方案 6.1　建筑设计方案 6.1.1　建筑方案设计 6.1.2　结构设计方案 　　**第 7 章　总图运输与公用辅助工程** 7.1　总平面布置原则 7.2　总图布置 7.3　总图技术经济指标 7.4　公用辅助工程 7.4.1　给排水工程 7.4.2　电气工程 　　**第 8 章　节能方案分析** 8.1　概述 8.2　编制依据 8.3　能耗状况和能耗指标分析 8.3.1　水耗 8.3.2　电耗 8.4　节能措施 8.4.1　建筑节能 8.4.2　电气节能 8.4.3　节水 　　**第 9 章　环境影响评价** 9.1　环境保护规划编制原则与依据 9.2　项目建设和运营对环境影响 9.2.1　项目建设期对环境的影响 9.2.2　项目运营后产生的污染物 9.3　环境保护措施方案 9.3.1　建设期环境保护措施 9.3.2　运营期环境保护措施 9.4　水土保持措施 9.5　环境影响评价 　　**第 10 章　劳动安全卫生与消防** 10.1　劳动安全卫生 10.1.1　采用的劳动安全卫生标准 10.1.2　安全生产措施 10.1.3　劳动安全防范措施	

续表

例　文	评　析
10.2　消防 10.2.1　执行标准 10.2.2　消防措施 　　　第11章　组织结构与人力资源配置 11.1　组织机构 11.2　项目管理措施 11.3　人力资源配置 11.3.1　劳动定员与工作制度 11.3.2　职工来源及培训 　　　第12章　工程招标 12.1　设计依据 12.2　工程招标基本情况 　　　第13章　项目实施进度 　　　第14章　投资估算及资金筹措 14.1　投资估算 14.1.1　估算编制依据 14.1.2　建设投资估算 14.1.3　建设期利息估算 14.1.4　流动资金估算 14.1.5　总投资 14.2　资金筹措 　　　第15章　财务评价 15.1　编制依据 15.2　基础数据 15.3　财务分析 15.3.1　营业收入及利税 15.3.2　总成本及经营成本估算 15.3.3　利润总额及分配 15.4　盈利能力分析 15.5　偿债能力分析 15.6　不确定性分析 15.6.1　盈亏平衡分析 15.6.2　敏感性分析 15.6.3　企业生存能力分析 15.7　财务评价结论	第18章结论部分，作出了明确的结论，即实施方案具有可操作性，项目可行。并提出了切实可行的建议，供决策者参考。

续表

例　文	评　析
第16章　风险分析 16.1　项目主要风险因素识别 16.2　主要风险程度分析 16.3　项目风险防范和降低风险对策 　　第17章　社会稳定风险分析（略） 　　　第18章　结论与建议 18.1　结论 18.2　建议	可行性研究报告是为申请立项所写的研究报告，一般篇幅比较长，这里列出一份典型的可行性研究报告的提纲，目的是使读者了解应该从哪些方面进行可行性论证。

思考与实践

一、收集不同类型的可行性研究报告，体会其写作的侧重点与要求。

二、完成案例导入中可行性研究报告提纲的写作。

第七节　商品广告

案例导入

　　××村李某种植猕猴桃80亩，今年又喜获丰收。他家的猕猴桃细嫩多汁、清香鲜美、酸甜宜人。为了适时销售，实现增产增收，李某决定今年加大宣传力度，拓宽销售渠道，及时发布销售广告。

　　根据实际情况，李某应该选择什么类型的商品广告来宣传呢？如何拟写商品广告文案呢？

　　广告，即广而告之的意思。广告是为了某种特定的需要，通过一定的媒介，公开而广泛地向公众传递信息的宣传手段。商品广告是生产者或商品经营者向消费者介绍商品和推销商品的传播广告。其目的是提高商品知名度、实现商品销售。商品广告与现代社会的全部经济活动不可分离，它已成为促进供需的道路、沟通产销的桥梁、活跃市场的媒介、生产生活的向导。

实例：现在越来越多的村民懂得"皇帝的女儿也愁嫁，酒香也怕巷子深"的道理，纷纷做起"王婆卖瓜，自卖自夸"的文章，通过传单、广告牌、报纸、网络、电视等方式，为自家生产的新特名优农产品做广告。产品名气大了，好卖了，价格更好了，村民们也尝到了打广告的甜头。2013年甘肃省陇南市成县的农产品核桃利用网络宣传销售，将地处欠发达地区的成县核桃，一下子传播到大江南北，成为知名的区域农产品品牌。

一、商品广告的分类

根据不同的标准，商品广告可分为不同的类型。按覆盖区域分，有全球性商品广告、全国性商品广告、地区性商品广告；按性质分，有静态商品广告、动态商品广告；按媒介分，有电视商品广告、报纸商品广告、杂志商品广告、网络商品广告、包装商品广告、传单商品广告、招牌商品广告等。随着传播事业的发展，广告的传播媒介、传播手段不断地涌现，但其各有优缺点，要根据实际情况选用。

二、商品广告的特点

1. 目的性

商品广告目的明显，就是推销产品，获得利润。因此商品广告必须适应消费者的心理，诱发消费者的兴趣，尽力去感染消费者，促使购买行为实现。

2. 诚实性

商品广告虽然目的显著，但应立诚守信。在推介商品时要以事实为依据，符合广告法的有关规定，真实、明白地介绍商品的性能、用途及使用方法等。

3. 创造性

只有富有创造性的商品广告才能塑造商品的个性和形象，突出商品的独特优点，具有说服力和影响力，给消费者留下深刻印象。

三、商品广告文案的格式与写法

商品广告文案是商品广告作品中用以表达主题和创意的语言文字的总和。商品广告的宣传除声、光、色彩、装饰等多种现代传播手段外，语言文字的组织是特别重要的一个环节。一个好的商品，加上一个好文案，可以让客户爱上它。同样一款商品，用不同的文案去阐述，所产生的销售结果肯定不一样。常规商品广告文案包括标题、正文、广告标语、随文四部分。这种结构在平面媒体中表现较完整，在视觉媒体中有时只重点宣传其中的某一个或某几个要素，其他项目从略。如电视广告一般将广告控制在 30 秒钟内，广告文案字数一般不能超过 90 个字，其文案就以简洁明快、生动活泼为特征，并不追求格式的规范与完整。

1. 标题

（1）直接式标题

直接将所要宣传的商品表达出来，让人一眼就明白广告究竟要说什么。例如：

阿里山瓜子，一嗑就开心。

——阿里山瓜子广告

（2）间接式标题

不直接揭示所要推销的商品，常采用暗示或诱导的方法，提升消费者的想象力，引起消费者的兴趣与好奇心理，从而进一步关注广告正文。例如：

发光的不完全是黄金。

——美国银器广告标题

（3）复合式标题

这种标题是将直接标题与间接标题结合起来，形成引题、正题、副题的结构。分三种形式：引题—正题—副题；引题—正题；正题—副题。例如：

引题：四川特产，口味一流

正题：天府花生

副题：越剥越开心

2. 正文

正文是商品广告的核心部分，以充分的事实和数据突出商品的优点和特色，以消除消费者的疑虑，激发其购买的欲望，体现广告的主旨。根据说明手段与风格的不同分为以下两大类。

（1）说明体商品广告

以说明表达方式为主，较为详细地介绍商品的具体情况，如商品的名称、品种、规格、性能、功用、使用方法、保管方法等。

（2）文艺体商品广告

正文运用叙事、抒情、描写等表达方式，文案采用小品、诗歌、故事、对联等文学样式，使用比喻、拟人、对偶、借代、排比等多种修辞手法。文艺体商品广告文案写法不拘一格，语言生动、形象，使商品广告产生无穷的艺术魅力。

3. 广告标语

广告标语也叫广告口号、广告语、广告主题句、广告中心句等，是为了加强消费者对商品的印象而在广告中长期、反复使用的一种简明扼要的口号性语句。广告标语是广告中令人记忆深刻、具有特殊位置、特别重要的一句话或一个短语，在广告中所起的作用是画龙点睛、锦上添花。因其长久、反复使用而使消费者日渐熟悉，乃至变成生活用语，形成口碑效应，从而提高商品的知名度和销售的连续性，产生长远的销售利益。语言要精练，易于记忆，利于传播，一般以 6～12 个字为宜，如"好空调，格力造！""喝了娃哈哈，吃饭就是香！"等。广告标语在广告里可以独立，同时广告中也可以不设标语。

4. 随文

随文又称附文，是广告的附加说明，一般放在广告文案的最后部分。随文用来告诉顾客怎样购买，敦促顾客购买。例如写明企业名称、地址、权威机构认证、商品价格、联系购买的方式（电话、传真、网址等）、有关促销信息（如竞赛奖励赠品、品尝、折价等优惠）、购买手续、银行账号等。例如："本公司为庆祝父亲节，以最优惠价提供精工石英表。欢迎子女陪同父亲前来购买，给父亲一份意外的惊喜。""《城市面孔》录音带，中国广播音像出版社最新推出，别忘了我们的地址为北京复兴门大街 2 号中国广播音像出版社，邮编 10086，邮购每盘 10 元整，电话×××××××××。"

四、商品广告文案的写作要求

1. 抓住特点，突出主题

商品广告文案的写作要抓住商品的特点，突出主题，这样才能引起消费者的注意。例如，下列洗发水的广告宣传就突出了其各自不同的特点。

飘柔：令头发柔顺。

潘婷：营养专家。

海飞丝：去头屑。

2. 注重创意，巧妙构思

商品广告文案的创意决定了广告宣传的成败。在确定了主题后，选取什么材料、运用何种表达方式等就成为了创意的内容。例如这则广告文案：

标题：禁酒令

正文：查生啤之新鲜，乃我酒民头等大事，新上市之贝克生啤，为确保酒民利益，严禁各经销商销售超过七日之贝克生啤，违者严惩，重罚十万元人民币。

这则广告要突出的重点是贝克生啤的新鲜，文案创意新颖，构思奇特，借用了公文中"令"的写作形式和语言风格特点，使消费者领悟到幽默的同时又感受到贝克生啤制造商对推出这一营销新举措的严肃、认真的态度。

3. 语言规范，合乎要求

商品广告文案的写作要语言规范，合乎要求。用词、造句要准确、规范，不能为了个性的获得而失去汉语言的规范，造成沟通障碍。同时又要符合广告的语言要求，或平实易懂，或生动有趣，用具有号召力的语言来进行传播。另外，商品广告文案的语言构造和语言特色还要体现不同媒介的不同传播方式的特点及要求，这样才能写出富有特色的文案。

4. 内容健康，情趣高尚

商品广告文案的创作是严肃的，要内容健康，情趣高尚。不宣传低级庸俗、丑恶淫秽的东西，不亵渎民族风俗，不伤害消费者心理，不贬低其他商品，不乱使用"国家级""最高级""最佳"等词语。

📖 例文与评析

【例文一】

例　　文	评　析
借问美酒何处有　人人均指杏花村 　　山西杏花村汾酒历史悠久。不信，有诗为证："清明时节雨纷纷，路上行人欲断魂。借问酒家何处有？牧童遥指杏花村。"想来，早在一千多年前的唐代诗人杜牧，就领略过杏花村汾酒的美味了（据古籍记载，杏花村的汾酒始于南北朝时期）。 　　山西杏花村汾酒用料讲究。 　　用水：天然井水，水质优异，特别是杏花村西北角的一口千年古井打出来的水，甘甜清澈，毫无杂质异味。这口井一直是汾酒用水的主要来源。	标题借用唐诗稍加改动，构思巧妙。 　　正文内容详尽，语言平实、准确。突出了汾酒历史悠久、用料考究、工艺精良的特点，给人印象深刻。

续表

例　文	评　析
用料：主要原料是晋中平原生产的优质高粱，这种高粱颗粒饱满，大小均匀，含淀粉丰富，经过清蒸处理后，熟而不黏，内无生心，别的原料无法与之相比。 　　用曲：以均匀、纯净的大麦和豌豆为主。 　　山西杏花村汾酒工艺精良。采用传统的清蒸烧法，工艺精细合理，酿出的新酒，分等级储存，内销酒一般储存 1 至 2 年，这是一则说明体商品广告文案，主体部分以说明为主，出口酒储存 3 年以上，经储存后，把具有各种不同特点的原酒，按科学标准勾兑过滤，最后灌瓶包装。新中国成立后，山西杏花村汾酒连续被多年被评为"全国名酒"，1980 年获国家金质奖。汾酒名扬中外，畅销 40 多个国家和地区。（摘自：《职场应用文写作训练教程》主编 许瑞蓉）	

【例文二】

例　文	评　析
 华帝整体厨房广播广告文案 　　蟑螂：我是蟑螂，我最近饿坏了！我住的地方换了华帝整体厨房，一点脏东西都没有，好可怜啊！看来又得搬家了……人们怎么都用华帝整体厨房呢！ 　　女：拥有一套整体无污染的厨房吧，让人漂亮又健康，老公也爱下厨房！ 　　旁白：华帝整体厨房。	这是一则文艺体商品广告文案，针对广播媒介的特点，运用对话的形式，采用拟人化手法，来突出商品"整体、无污染"的特点，给人耳目一新的感觉。

思考与实践

一、收集几则成功和失败的商品广告，分析其原因。

二、下列这则广告能引起消费者的关注吗？为什么？

某柴油机的广告

本产品设计合理，外观美观，结构紧凑，性能优良，价格低廉，欢迎选购，代办托运，实行三包。

三、根据要求，设计广告标语。

商品：红薯粉条。

优点：用料纯正，无公害，天然制造。

广告标语要求：过目难忘，并突出红薯粉条的特质和理念。

四、以家乡的一种农产品为宣传对象，设计广告文案一份。要求标题、广告标语、正文、随文齐全。

第四章
农村常用事务类应用文

◎了解本章所列 9 种农村常用事务类应用文的功能与适用范围；

◎掌握会议文书的不同类别、各自的基本要素与写作方法；

◎能够区分介绍信与条据、启事与声明并能用正确的格式予以写作；

◎学会撰写竞聘稿、述职报告以及常见的消息与通讯，并有效地用于自己的工作实际。

第一节　介绍信与条据

 案例导入

　　小石村的张晓这段时间正在县农技站进修学习。周五这天他接到电话，说村里安排他和另外两位村班子成员周末去××县石寨村考察学习退耕还林经验。考虑到时间紧迫，张晓向培训的老师交了一张请假条，请了一天假赶回村里做好外出考察的准备工作。张晓除了通过电话和对方联系之外，还准备了一份盖有公章的介绍信，以便作为对方接待考察的凭据。

　　介绍信和条据在处理日常事务时经常用到，其格式均比较简单，但仍有规则可循。只有掌握了其写作规则，才能真正发挥其作用。

一、介绍信

（一）介绍信的分类与写法

　　介绍信是机关团体、企事业单位派人到其他单位联系工作、了解情况或参加各种社会活动时用的函件。它有两种类型：一种是用公用信笺书写的介绍信；一种是印好格式的介绍信，用时按空填写即可，这种印刷式的介绍信又可分为不带存根的和带存根的两种。

　　介绍信具有介绍、证明的双重作用。使用介绍信，可以使受访单位了解来人的身份和目的，以便得到对方的信任和支持。

　　介绍信的写作有以下要求：

　　首先需具体。一是对象具体，一份介绍信只能填写一个单位，严禁在称谓处写"各有关部门"；二是事项具体，所接洽办理的事项要写清楚，与此无关的不要写。

　　其次需真实。要真实填写持有介绍信人的姓名、身份、数量，不得虚假编造，冒名顶替。

　　最后需得体。一是介绍信篇幅不可太长，要简明扼要；二是正文结语要礼貌得体，应用"请接洽""请予支持"等祈请性语言，不宜用"务必办罢"等命令式语言。三是书写工整、清楚，不得任意涂改。文中如有数字出现，应大写。

（二）介绍信的格式与写法

1. 书写式的介绍信

　　书写式的介绍信一般用公文信纸书写，包括标题、称谓、正文、结尾、落款、附注几部分。

　　（1）标题

　　一般在第一行居中写"介绍信"三个字。

　　（2）称谓

　　另起一行，顶格写收信单位名称或个人姓名，姓名后加"同志""先生""女士"等称呼，再加冒号。

　　（3）正文

　　另起一行，开头空两格写正文，一般不分段。一般要写清楚以下三项内容：①派遣人员的姓名、人数、身份、职务、职称等；②说明所要联系的工作、接洽的事项等；③对收信单位或个人的希望、要求等，如"请接洽"等。

　　（4）结尾

　　写上表示致敬或者祝愿的话，如"此致敬礼"等。

（5）落款

在正文的右下方写明派遣单位的名称和介绍信的开出日期，并加盖公章。单位名称一般使用全称。日期写在单位名称下方，使用阿拉伯数字标注年月日。

（6）附注

用附注注明介绍信的有效期限，具体天数用大写。

2. 带存根的介绍信

这种介绍信有固定的格式，一般由存根、间缝、正文三部分组成。

（1）存根

存根部分由标题（介绍信）、介绍信编号、正文、开出时间等组成。存根由出具单位留存备查。

（2）间缝

间缝部分写介绍编号，应与存根部分的编号一致。还要加盖出具单位的公章。

（3）正文

正文部分基本与便函式介绍信相同，只是有的要标题下再注明介绍信编号。

介绍信要填写持介绍信者的真实姓名、身份，书写要工整，不得涂改。如有涂改，必须加盖公章。

📖 例文与评析

例　文	评　析
介绍信 ××村委员会： 　　兹介绍我村计生专干××同志壹人来贵村专门考查、学习贵村的计划生育工作，请予以接洽。 　　此致 敬礼 　　　　　　××村委员会（公章） 　　　　　　20××年×月×日 　　　　　　（有效期×天）	标题直接书写"介绍信" 这封介绍信写得简洁明了，学习、考查对象目标明确，人员数量明确，与此无关的事项均未出现。 　落款处写明派遣单位与介绍信开出日期。

二、条据

（一）条据的分类

条据是便条和单据的合称。

便条属于一种书信类的应用文体。在日常生活中，在不能与当事人当面沟通交流的时候，可使用便条进行联系。常用的便条有请假条、留言条和托人办事条等。

单据是一种作为财务凭据的条子，常用的有借条、领条、收条、欠条等。

（二）条据的格式与写法

便条实质上是一种简单的书信，因此形式规范，四项要素（即写信对象、事项、写信人、时间）齐全。便条的内容主要包括标题、正文、签名和日期四部分，要求语言简洁、陈述准确清晰。

而单据因为涉及钱财物品，所以除了用字准确之外，其文字不能涂改，涉及数量的表述一般多用大写。

1. 请假条

常见的请假条的格式包括标题、称谓、正文、致敬语、落款、附件。

（1）标题

一般在第一行居中位置写上"请假条"字样。

（2）称谓

顶格写称谓，即向谁请假，注意应加上其职务，以示尊重。

（3）正文

第二行空两格开始写正文。首先写明请假原因、内容，其次写明请假时间，最后加上请假习惯用语"请批准""请予批准"等。请假条内容较少的，不用分段。语言应朴实，简单，不能作无谓的修饰，把事情说得清楚简明就好。

（4）致敬语

致敬语在正文内容结束后，另起一行，空两格写礼貌用语（也可省略），一般用"此致"，然后再起一行顶格写"敬礼"。

（5）落款

包括请假人姓名与请假日期。在居右位置空一行署名，在名称下注明请假日期。

（6）附件

有其他相关证明也可以附带上交，更有说服力，更容易被批准。

2. 借据

借据（条）是个人或单位借用个人或公家的现金、财物时所写的凭证性的一种应用文。

借条由标题、正文、落款三部分组成。

（1）标题

借条的标题可由两种方式构成：一是直接由文种名构成，即在文档正中写上"借条"或"借据"字样；二是在第一行空两格后写上"今借到"作为标题，而正文的其他内容放在下一行顶格写，其实这是一种省略标题的借条的写法。

（2）正文

正文应写明以下内容：一是所借的钱物和数量及物品的品种、型号、样式、规格等；借出方也须写清楚；从单位借出的钱物要写明用途。二是写明归还的具体日期或大致时间，有时还要写明具体归还的方法。

（3）落款

要写上写借条者的单位名称、经手人姓名或借方个人的姓名。必要时须加盖公（私）章，以示负责。单位、个人名称前一般写上"立据人"或"借款人"字样。在署名后写上借钱物的具体时间，年月日要写完整。

3. 收条

收条由标题、正文、落款三部分组成。

（1）标题

标题的写法有两种：一是直接由文种名构成，即写上"收条"或"收据"字样；二是把正文的前三个字作为标题，而正文从第二行顶格处接着往下写，如用"今收到 ""现收到""已收到"作标题。

（2）正文

正文一般是在第二行空两格处开始写，但以"今收到"为标题的收条是不空格的。正文一般要写明收到的钱物的数量、物品的种类、规格等情况。

（3）落款

落款一般要求写上收钱物的个人或单位的名称姓名，以及收到的具体日期，一般还要加盖公章。是某人经手的一般要在姓名前署上"经手人:"的字样。是代别人收的，则要在姓名前加上"代收人:"字样。

📖 例文与评析

【例文一】

例　文	评　析
请假条 刘主任： 　　我今天腹泻，四肢无力，经医生诊断，属于急性肠炎，需要休息叁天（星期四、五、六）；不能上班，特此请假，恳望批准。 　　附医生诊断证明一张。 　　此致 敬礼！ 　　　　　　　　　请假人：×××（签名） 　　　　　　　　　20××年×月×日	标题直接书写"请假条"。 　　头行正中写明了便条的名称，下行顶格写明请假对象，正文写明了请假理由，提供了批假依据；写明了具体请假起止期限；"特此请假，恳请批准"强调了请假要求；"附医生证明壹张"提高了获假率；"此致—敬礼"表现了作者的礼貌，最后写明了请假人姓名、时间。

【例文二】

例　文	评　析
借　条 　　今借到财务科人民币叁佰圆整，作回家探亲用。日后按规定报销，多退少补。 　　此据。 　　　　　　　　　借款人：×××（签名） 　　　　　　　　　20××年×月×日	标题直接书写"借条"。 　　在正文中写清了借什么、借多少。而数字用大写起到防止涂改的作用；借公家钱物时一般还要写明用途，便于管理人员作出相应的财务安排；"此据"独成一行起强调其证据作用。落款写明经手人姓名以明确责任。

续表

例 文	评 析
今借到 王婷同志的《说文解字》壹本，叁个月后送还。 此据。 借书人：×××（签名） 20××年×月×日	"今借到"三个字独占一行，表示此单据的性质；写清了借什么、借多少以及借阅时间。落款处注明借书人姓名和借书时间。

【例文三】

例 文	评 析
收 条 今代收到刘晓红同学还给张琼老师的网球拍壹副，完好无损。 代收人：××× 20××年×月×日 **收 条** 今收到高山乡铁匠沟镇马胜田、牛兴旺贰同志送来的棉花技术承包合同资金叁仟圆整。 ××省农业科学研究所 经手人：××× 20××年×月×日	标题直接书写"收条"。 代收条也是收条，只是代收人不是当事人，而是一个中间人而已。特意注明"完好无损"，言语简洁，说明清楚。 收条要求将所收到的物品、钱款的具体数目以及物品的大小、规格、式样等一一说明，同时还要写清是从何人收的。收条的落款要求经手人签名盖章，注明日期；不能只有单位的名称。收条不能涂改。钱款数目也要大写。还要交待送款人的具体姓名、送款数目及送款理由。

思考与实践

一、下面是一份请假条，请找出其中不当之处，并改正。

请假条

陈老师：

给您添麻烦，我感到非常不好意思！

因爸爸到北京出差，代表公司到北京参加一个重要的洽谈会，一个星期内不可能回来。而妈妈从昨晚一直到现在仍然高烧不退，现正在医院输液，需要人来照顾。所以，我向您请假，在家照顾妈妈。恳望批准。

  此致

敬礼

×××

二、下面是一份借条，找出其中不当之处，并改正。

借　条

原借杜小强同志人民币 300 元，已还 150 元。

借款人：×××
20××年×月×日

三、明月村打算派村长李××、出纳专干王××去高强村考查、学习该村财务管理工作，请拟写一份介绍信，要求言简意赅，格式正确。

第二节　启事与声明

 案例导入

  高山村的小郭捡拾了别人的钱包，里面除了有人民币 400 多元，还有身份证、驾驶证、银行卡等证件，小郭想通知失者来他这儿领取失物，于是提笔写了一份《招领启示》来寻找失主，完小的王老师看到后，提醒小郭标题应该是《招领启事》而非《招领启示》。

  启事之"启"为叙说之意，"事"即事情。启事与声明均是发布方式多样的公开文告，但两者又明显不同，启事重在陈述事情，不对他人发生支配作用，而声明重在表明自己的立场和态度，有一定的警示和警告作用。

一、启事

  启事是指将自己的要求，向公众说明事实或希望协办的一种短文，通常张贴在公共场所或者刊登在报纸、刊物上。机关、团体、企事业单位和个人都可以使用。

标题在上，概述演讲的中心内容；副标题在下，用破折号连接，标明事由和文种。

2. 称呼

怎样称呼，要视听众而定。一般用泛称，如"各位领导"或"同志们"等。称呼语要顶格书写，排列有序。

3. 正文

竞选演讲稿的正文主要由开头、主体和结尾三部分构成。

（1）开头

竞选演讲一般时间都不会太长，因此，精彩而有力的开头便显得非常重要，要能够引人注意，能够立即抓住听众的注意力。常见的开头有以下三种：

①真诚感谢法。即用诚挚的语言表达自己的谢意。

②简要介绍法。就是在演讲的开头简要介绍自己的有关情况。虽说是简要介绍，但也有介绍艺术的问题。竞选演讲实践中，有的演讲者自我介绍就像填履历表。这种介绍很难调动听众的情绪。相反，如果演讲者能将自我介绍寄托在简洁明快而又富有意味的语言载体上，效果就大不一样了。

③表达心情法。就是将参加竞选时的心情表述出来。

（2）主体

竞选演讲的主体内容应包括以下几方面：

①展示优势。这一部分实际上是要说明为什么要竞争、凭什么竞争的问题。众所周知，竞选演讲的目的，就是要使听众对演讲者有充分的了解和认识，从而鉴别其能否胜任该职位。如果他们认为你的自身素质能够胜任，就会毫不犹豫地给你投上一票。反之，便会票上无名。因此，演讲者在介绍自己的情况时，一定要有针对性，即针对竞选的岗位来介绍自己的学历、经历、政治素质、业务能力，在介绍中要尽可能体现出来。如已有的政绩、较高的学历、很强的事业心、深厚的理论功底、丰富的实践经验、表里如一的品质、吃苦耐劳的精神等。当然，这些长处并非要面面俱到，而应根据竞选职务的职能情况有所取舍。也就是说，要详细说明与竞选职务有关的工作经历、经验、实绩，而与之关系不大的可少谈或不谈。

②简要介绍自身的不足之处。对自身的弱势，应艺术地表述出来，即将不利变为有利，抑中有扬，贬是假，褒是真。对缺点介绍要注意分寸，如果对自己的缺点毛病介绍得过多过细，无形中就会损害自己在群众和评委心目中的形象。

③表明自己任职后的打算。竞选者本身所具有良好的基本条件是其竞选成功的前提，但仅有这点还不够，听众更关心的还是竞选者任职后的打算。因此，竞选者在竞选演讲时，一定要用简明扼要的语言亮明自己的观点。要

紧紧围绕听众关心的热点、难点问题，提出明确的工作目标和切实可行的措施，这样才能获得听众的信任和支持。

（3）结尾

演讲稿的结尾常见的有以下两种方法：

①希望式：就是在结尾处表明，希望得到听众的支持、帮助。

②表态式：就是在结尾处表明自己的态度，即自己如果当选将怎样履行职责。

📖 例文与评析

例　文	评　析
村支书竞选演讲稿 各位领导、同事们、朋友们： 　大家好！ 　根据村级换届的有关精神，今天，我本着进一步锻炼自己，为大家服好务的宗旨站在这里，参加大顺村竞选。首先，感谢乡党委、政府领导给了我这次展示自我、提高自我、锻炼自我的机会，还要感谢一直以来或曾经给予过我培养、无私帮助、信任、支持的在座的和不在座的、在职的和已经离开工作岗位的、所有的领导、同事们。 　今天我竞选的是村党支部书记职务，如果我当选村支部书记，计划在任期内重点做好以下工作。 　一、发展经济方面 　调整、优化经济结构，提高竞争力。着眼发挥比较优势，做大做强特色经济，形成第一、二、三产业全面发展的格局。巩固和加强第一产业，在保护和提高粮食综合生产能力，优化粮食品质的同时，围绕优质稻、蔬菜、蚕桑、苎麻、畜牧、水产六个农业产业，大力发展自然区域特色生态农业。一要做强蔬菜、苎麻产业，进一步落实蔬菜、苎麻可持续发展措施，加大蔬菜、苎麻新技术推广普及力度，提高蔬菜、苎麻品质和效益。今后三年要巩固蔬菜、苎麻面积每年达300亩以上，产量达10吨，实现蔬菜、苎麻产业人均收入400元。二要调优蚕桑产业，在现有桑园的面积上适度发展，把重点从外延扩大转变	单标题，即"事由＋文种"组成。 　在简单的自我介绍后主要论述自己如果当选村支书后需要开展的工作。从内容上看重点工作分为四个方面：发展经济、党建、精神文明、办实事。或者换句话说，一般村支书的重点工作就是这四个方面。

续表

例　文	评　析
为内涵提高，进一步加大对桑园的投入及管理力度，积极采取高接换种，改良树形，改良土壤，改善灌溉配套设施等措施，建立蚕桑生产基地 500 亩，通过基地辐射、能人示范，力争实现三年内全村蚕桑优质率达 80％以上，实现人均增收 30 元。三要做大养殖业，要在抓好荒山养鸡、水面养鸭、水田养鱼等传统养殖业的基础上，根据市场需求，把发展草食型畜牧业作为主攻方向来抓，采取政策启动、服务推动、大户带动等有力措施，增加养殖业在农业经济总量中的比重。同时，还要加快食用菌、林竹基地建设步伐，大力发展合同农业、订单农业、创汇农业，不断提高农业的外向度。三年内全村粮经比例力争调整到 4∶6。四要创新农业品种。加快农产品品种改良和更新换代，继续抓好农业品种创新，大力推广优质品种种植面积，提高优质稻比重。五要积极发展第三产业。要加快发展农村中介组织，大力培育各种专业协会，个体营销大户，拓展服务范围，改进服务方式，促进农产品流通。六要发展第三产业，拓宽农民就业机会，①借助本村区域优势和老区的优势，引进生产性企业，解决本村剩余劳动力，促进第一、第三产业的发展；②鼓励农民到沿海及大中城市、较发达的地区发展，促营销，增加非农收入，使农民的生活水平有较大的提高。七要壮大村财实力，要在确保现有收入的基础上，千方百计多渠道聚财。①加大对本村山场林木的管护、杜绝乱砍滥伐现象，确保青山常在，财源永续。同时，要继续贯彻落实集体林经营体制改革的政策，实行林木有偿转让，既使材财增收又使林农长期受益增收。②积极向上级部门争取援助金，确保每年 6 万元左右。③做好节支工作。严格控制一切非生产性开支，坚决压缩一般性开支，并本着"少花钱多办事"的原则，以有限的资金办好各项事业。总之要确保村财逐年有所增加。 　　二、党建工作方面 　　1. 坚持用科学理论武装党员干部，切实加强党的思想政治建设。把广大党员干部的思想和行动统一到十六大精神上来，坚定共产主义理想信念，坚定马克思主义信仰。继续坚持和完善党支部"三会一课"制度，加强党员干部的理论学习和实用技术培训，要聘请技术员上课传授技术，通过学习和培训，使广大党员既增加了党性观念和宗旨意识，又能掌握 1～2 门实用技术。	有具体的数字支撑自己的材料。显然，该候选人对这个竞聘岗位的工作是比较了解的。

续表

例　文	评　析
2. 在组织建设上，要认真贯彻民主集中制，严格执行集体领导和个人分工负责相结合的制度，健全完善议事规则和决策程序，做到重大问题都能集体讨论决定，提高决策的民主化、科学化水平，并把方方面面的积极性充分调动起来，形成工作合力。继续扎实开展以创建"五个好"村党支部的活动，增强支部班子的凝聚力和战斗力，认真抓好党员先进性教育，进一步加强和规范党员队伍管理，发挥好党员的先锋模范作用，同时认真做好发展党员工作，确保每年发展 1～2 名新党员。 　　3. 坚持以人民群众的根本利益为出发点，切实加强和改进党的作风建设。要求广大党员干部必须牢固树立全心全意为人民服务的宗旨意识，必须坚持实事求是精神和求真务实作风，深入实际、深入群众、体察民情、了解民意，多想群众冷暖，少想个人得失，多办实事好事，少讲虚话大话，满腔热情地帮助群众排忧解难。 　　4. 做好党风廉政建设工作。要求广大党员干部一切言行都要接受群众监督，自觉当好表率。认真做好村务公开工作，将村里的重大事项和财务情况定期在公开栏上进行公开，接受群众监督，增强工作透明度。同时，成立村务监督小组，专门对村务进行监督。 　　三、精神文明工作方面 　　1. 要进一步实施科技兴农战略，要抓好农业新技术的推广，实施好农业科技入户工程，加大农业技术培训力度，使新技术的推广成为农民增收的新亮点。 　　2. 要努力推进可持续发展战略，促进经济与人口、资源、环境协调发展。坚持计划生育的基本国策，稳定低生育水平，坚持"三不变"、落实"三为主"、深化"三结合"活动，努力提高计生工作整体水平。 　　3. 要加强民主与法制建设。为加快发展提供良好的社会环境，深入开展"四五"普法宣传教育活动，提高全民法律意识和法制观念。调解疏导民事纠纷，化解社会矛盾，同时要引导群众把依法保护自身的合法权益和依法履行应尽的社会义务统一起来。加强以村党支部为核心的基层组织建设，进一步扩大基层民主，深化村务公开制度。 　　4. 进一步落实社会治安综合治理防范措施，确保社会安定稳定。 　　四、为民办实事好事工作方面	

续表

例　　文	评　　析
1. 继续加强对病害水利设施的整治。 　　2. 继续对全村道路进行拓宽整修，加强便民路的修护，逐步开发旅游资源。 　　3. 扩大宽带电视、电话的覆盖率、入户率。 　　4. 妥善安排计生困难户、残疾人等弱势群体的生产和生活，努力帮助解决实际困难，积极扩大低保覆盖面。 　　5. 积极推广沼气池建设，既可保护山林，又给农户带来省柴、省电、增肥的实惠。 　　各位领导，各位同事，如果我能得到您们的信任，我会万分感激，我会以大家的支持为动力，锻炼自己，提高自己，在工作中踏踏实实做事，在生活中认认真真做人。用我的热情、诚实、坚忍，在人生的大舞台上，找到属于我自己的位置，演绎好属于我自己的角色，实现我自己的人生价值！ 　　谢谢大家！ 　　　　　　　　　　　　竞聘人：王×× 　　　　　　　　　　　　×年××月××日	在结尾处顺带表明了自己的态度。总之，竞选演讲的目的是展示自己、推销自己，让听众了解自己，从而获得支持，赢得选票。

 思考与实践

　　拟写一篇竞选村长的竞聘稿，要求内容上要写明自己在任期间计划从哪些方面着手进行建设、整治及管理。须条理清晰、内容完备、格式完整。

第四节　述职报告

案例导入

　　　　李大雷在望麓乡宏丰村驻村任职已经一年，最近要调回到县里工作，如今他正在撰写自己在宏丰村任职的述职报告。最初他按照时间顺序总结了自己任职以来组织、参与的八项工作以及自己的思

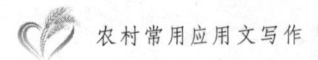

想认识转变过程，但他自己对初稿都不满意。后来经过思考，调整了结构，从党员干部的身份以及自己任职所担负的工作职责范围这两条线索来组织材料，很快就写成了述职报告。

李大雷通过写作实践认识到：述职报告的重点在于"职"，即说明履行工作职责的情况，而非罗列自己做过哪些工作。

述职报告是工作人员向所在单位的组织、人事部门、上级机关和职工群众，陈述其在任职期内履行岗位职责情况的一种事务文书。

一、述职报告的分类

从述职报告的主体来划分，述职报告有两种类型。

1. 个人述职报告

即述职者是就自己个人在任职期间的履行职责情况向有关组织和公众作述职报告，侧重点在个人的德、能、勤、绩等方面的表现与体会等。

2. 集体述职报告

即述职者一般是单位或部门的主要负责人，代表单位或部门作工作报告。如一届领导班子任期将满时，由领导班子核心人物代表其领导班子集体，向选区选民或向本单位职工报告任职期间工作情况及工作业绩等。

二、述职报告的特点

述职报告具有工作总结的一般特点，但更侧重于述职者对自我的评价。故常采用第一人称。因此在文本中，经常使用"我主要抓了以下几项工作""我们新一届领导班子做好了以下几项工作"等陈述语句。

另外，述职报告是陈述性文体，要求报告人向上级、公众汇报工作并接受考核、评议、监督。考虑到目前一般采用当众述职的方式，所以报告的内容应尽量口语化，语言必须得体，态度必须诚恳，陈述必须清楚，常用叙述和议论相结合的表达方式。

三、述职报告的格式与写法

述职报告主要由标题、称谓、正文、落款四部分组成。和其他报告相比，它主要增加了"称谓"这个部分。

1. 标题

述职报告的标题可以概括为单标题和双标题两种模式。

①单标题一般是由职务、时间和文种构成标题，如"××乡政府办主任2015年度述职报告"。由于述职主要在单位内部进行，所以习惯上一些述职报告的标题会简化，省略一些要素变为"××乡政府办主任述职报告"或"2015年度述职报告"或"述职报告"。

②双标题即一主一副两个标题。一般来说，正标题概括述职报告的主要观点，副标题则注明文种与职务。如《抓落实，抓质量，抓成效——××乡长述职报告》。

2. 署名

如果是个人述职报告，就写述职者个人的姓名；如果是集体述职报告，就署领导班子集体名称。个人署名一般要带职务。署名的位置有两种：一是放在标题中，如"2008年广州市徐××副市长履行基础教育工作职责的述职报告"；二是置于标题之下正中位置，如"王庄司法所所长 王伟"。

3. 称谓

称谓是对报告对象的称呼。述职报告常常要在报告现场以口头方式面对面地进行，因此有明确的报告对象。述职者应根据报告对象的不同而采用不同的称呼，有的时候还要用复合称谓，即一次要称呼多个称谓。复合称谓一般按照职位由高到低的顺序称呼，如某副市长的述职报告所用的称谓是"主任、副主任、秘书长，各位委员"。

4. 正文

述职报告的正文部分一般包含引言、主体和结语三个部分。

引言主要用来概括介绍述职人的岗位职责以及对履职情况的自我评价。岗位职责包括自己从何时起担任何职，主要负责、分管什么工作；自我评价是对自己完成岗位目标任务情况的基本判断；此外还会点明自己履职过程中的遵循的指导思想。这三个方面一般用一个自然段概述。如某县长的述职报告前言是这样写的：

1998年政府换届后，我担任政府常务副县长，主要协助县长处理政府的日常事务，具体分管工业经济、交通、公安、劳动等方面工作，2000年当选为县长，主持县政府工作。过去的五年里，在县委的坚强领导下，在县人大、县政协的监督、支持下，我始终坚持"人民选我当县长，我当县长为人民"的理念，努力做到思想上积极进取，工作上发奋努力，作风上求真务实，生活上严格要求，团结和带领政府一班人奋力拼搏、开拓创新，克服了"三金"等各种深层次矛盾以及罕见的旱洪、山地灾害等不利因素给我们工作带来的影响，较好地完成了政府工作的各项目标任务。按照岗位规范，现将五年来履行职责情况陈述如下。

主体部分要详述履行职务的基本情况、工作业绩、经验及教训、目前存在的问题和今后的努力方向等。一般采用条文式或小标题式分别叙述。在具体写作上，经常使用的写法有两种，一种是以岗位职责的内容为线索，把不同工作项目分类总结述职，如常见的分成业务工作、思想政治工作、队伍建设工作等，分类进行阐述。另一种则是以述职者的主观感受为线索来反映履职情况，通常用"几点体会""几点认识""几点打算"这类词语进行串联，用在工作中获得的"体会"来归纳工作业绩，用"认识"来归纳经验教训，用"打算"来谈今后的工作设想。

结语用来结束全文。常用的结语一般比较简洁，如"以上是我的述职，谢谢诸位""以上报告，请各位领导和同志们指正"等，也有简要概述全文主要内容、表明信心和决心的写法。

在写作述职报告的时候还要注意以下几点：

①述职报告要体现述职者的"德、能、勤、绩、廉"，以上五个方面在述职报告中都应当有所体现。"德""勤""廉"可以单独陈述，也可以在述"能"和述"绩"中体现。

②述职报告要突出的重点内容有两类：一类是根本性、全局性的主要工作，以体现自己履行了岗位职责并取得一定的成绩；另一类是工作中具有创造性、开拓性的特色工作，以体现述职者的能力与业绩。对于日常性、一般性、事务性的工作表述要尽量简洁，可以使用统计数据予以概括。

③述职报告要有鲜明个性。述职人的岗位不同、职责要求不同、能力不同必然导致述职报告的陈述角度、陈述内容不同。因而，述职报告要突出个性特点、展示述职者个人风格和魄力，切忌千人一面，千篇一律。

④语言要得体。述职报告中对自己的评价要中肯，措词要严谨，语气要谦恭，又不宜过于自谦，语言尽量以陈述为主，尽量不用夸张的语言。

📖 例文与评析

例　文	评　析
××年度工作述职报告 各位领导、同志们： 　××××年是我担任村党支部书记的第三年。一年来，我在乡镇党委、政府的正确领导下，认真贯彻落	标题省略了职务（村支部书记）。

续表

例　文	评　析
实上级各项决策部署，团结村"两委"一班人，解放思想，真抓实干，为民服务，推动村里各项工作取得了显著的进步。下面，从五个方面向大家述职，请予审议。 　　一、坚持不懈加强党性修养。作为村党支部书记，我深知必须坚定政治立场，自觉加强党性修养，为全村党员做出表率。我注重加强理论武装，认真学习中国特色社会主义理论体系，不断坚定理想信念，增强认真贯彻落实党的基本理论、基本路线的自觉性，自觉在政治上、思想上、行动上与以习近平同志为总书记的党中央保持高度一致。带头参加党的群众路线教育实践活动，带头查找自身的问题和不足，不断增强政治定力。 　　二、认真履行抓班子带队伍的职责。建立健全村"两委"各项规章制度，严格按照制度办事，落实村务公开等各项措施，确保了村务按时公开，接受群众监督，充分发挥村党支部领导核心作用和战斗堡垒作用，实现了村党支部班子团结有力，民主气氛浓厚。在队伍建设方面，坚持"三会一课"制度，认真做好党员发展和党员教育培训工作，三年来，共培养联系后备干部 2 名、发展预备党员 5 名和入党积极分子 4 名。带头严格遵守党员干部廉洁自律各项规定，不损害群众和集体的利益，采取有效措施加强党风廉政建设，使广大党员干部组织纪律观念和工作作风有了明显改观，廉洁自律意识明显增强。 　　三、千方百计发展全村经济。一是立足村情，调整产业结构，积极推进农业和农村经济结构调整，抓好 120 多亩土地流转工作，规模种植蔬菜，农村经济得到较快发展。二是鼓励农民参加技术培训，向农民进行市场经济知识教育，进行短期实用技术培训，增强外出务工人员的技能，从而保证农民多渠道增收。 　　四、集中精力抓好综治建设。建立了矛盾纠纷排查制度，每月召开一次治安分析会，布置工作任务，解决具体问题，依法依规有效地解决各类矛盾纠纷，做到早发现、早报告、早控制，发挥治保会、调解会作用，及时化解各种民事纠纷，做到小事不出组，大事不	前言部分概括介绍述职人的基本情况以及对履职情况的自我评价，相当于议论文的论点。 　　第一、二两个方面对自身党性修养、抓班子带队伍情况进行总结，紧贴支部书记这一职务特征。 　　从建立健全规章制度、队伍建设、遵守党员干部廉洁自律规定三个方面来总结履行书记"抓班子，带队伍"的职责情况。在总结时，每一个方面都是先写做法，再写效果。衔接紧密，真实可信。 　　第三方面的总结先写全局（调整产业结构），后写局部（对农民进行培训），思路清晰。

续表

例　文	评　析
出村。坚持"打防"并举，加强对社会治安形势的分析，加强治安管理，坚持不懈地执行夜间巡逻制度，三年来共破获盗窃案 4 起，抓获流窜犯 4 人，并扭送公安机关，为村民挽回经济损失近两万元，得到群众的一致好评。	第四个方面的总结按照制度、举措、效果的逻辑来写，脉络分明。
五、统筹资源为民办实事。农村工作最重要的是全心全意为群众做贡献、办实事，与群众同甘共苦。一年来，通过筹集资金，在全村拓宽道路 0.2 公里，加强环境卫生整治，整治两个活动场所 800 平方米；植树造林 85 亩，非规划林地绿化种树 70 亩；完成 1 户 2 女扎贫困户"安居工程"、3 户残疾人"安居工程"和 1 户残疾人危房修缮工程建设，并抓好村部建设的前期工作。	用典型事例、具体数据来说明统筹资源为民办实事的情况。语言简洁，内容充实。
回顾一年来的工作，取得了一些成绩，但也存在一些不足，主要是：一是处理问题不够冷静，工作方法较为简单；二是带领村集体经济发展中存在不少问题和困难，主要是土地、资金等制约因素更加突出；三是计划生育工作较为落后，与上级的要求相比还有较大差距；四是社会治安管理还有不到位的地方，群众意见比较大。这些都需要我在今后的工作中认真加以克服和化解。	简要归纳自己工作中存在的不足与问题，提出今后需要提高的方向。
以上报告，请领导和同志们评议，欢迎对我工作多提宝贵意见。借此机会，向一直关心、支持我的工作的各位领导、同志们表示诚挚的感谢！ ××村党支部书记：××× ×20××年×月×日	结语谦虚有礼。

思考与实践

一、述职报告在写作上和总结有什么区别？

二、下面是一篇村委会主任的述职报告，它存在什么问题？应该怎样修改？

村主任工作述职报告
××村委会主任 ×××
（2015 年 3 月 6 日）

根据会议安排，现将我的 2014 年的工作及 2015 年工作打算汇报如下：

一、2014 年的工作特色及成效

我村是一个偏远村，是一个二类村，在防控违建方面，我村采取的是一天两巡查，上午一次，下午一次。发现有违建的苗头，及时制止，2014 年我村共建房 8 户，均有审批手续，无违建现象发生。我村没有拆迁任务，去年因××专线需要，共拆迁四户，拆迁很顺利，只是在立塔基占地和青苗费补偿处理方面存在一些问题，至今没有得到满意的结果。2014 年，我们加宽修建了进村道路 550 米，建截止闸 10 座，新购了抽水机一台，对约 2 千米的沟渠进行清淤疏通；充分利用好"一事一议"资金修建下水道 1 300 米，为村民农业生产带来了极大的便利。

同时，在新农合、养老保险、计划生育、综治维稳方面，我们也取得了一定的成绩。

二、存在的问题和不足：

一是在 2014 年秸秆禁烧工作中，安排不妥当，用工多，机械不能合理利用，看管人员应付的多，不够积极主动。

二是村两委参与防控违工作积极性不高，借口工作忙，有时不管不问。

三是村两委班子没有凝聚力，遇事商议的少，交流的少。

三、下一步工作打算

一是在防控违方面，进一步统一"两委"思想，提高认识，采取分片包干，一天两巡查，特别是加强夜晚巡查力度。对确需建房的户，我们向镇政府汇报，共同处理；对不听劝阻的户，及时自拆或助拆。

二是对综治信访维稳工作采取包保责任制的办法，到组到人。尤其对我村老上访户×××，指定专人看护，发现有上访苗头，第一时间向镇党委报告，及时消除信访隐患。

三是充分利用好"一事一议"资金，把村庄两条南北路、三条东西路的下水道兴修好，解决群众行路难的问题（具体方法是：召开村民代表会，让村民代表实地查看，研究方案，确定修建办法）。

四是对××机站进行修整，进行除草清淤，对毁坏的桥涵进行修整，新装闸板。修建刘沟截止闸，和马道路南截止闸。同时对自来水管网进行整修，解决群众安全饮水问题。

对××湖 2 000 米沟渠进行清淤，土方约 4 000 方，解决××小组栽稻难问题。

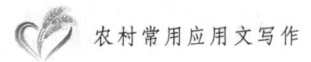

第五节　消息与通讯

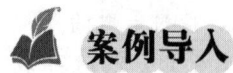

　　　　白鹤乡宏丰村最近按照上级乡镇的要求，在政府信息网上开通了网站，有了自己的主页。支书老王把维护、更新网站的任务交给了李大雷。上周，宏丰村在省里举行的"文明乡村"的评选活动中顺利当选。李大雷及时将这一喜讯编写成动态消息发布在网站上，但是支书老王认为李大雷写的消息只有两三张图片，文字不足200，内容太单薄了，希望李大雷将村里的好人好事写成稿件发布在村里的网站上。该怎样写这个新闻稿件呢？李大雷有点犯难。李大雷拨通了自己在县里报社工作的同学小楚的电话，小楚建议可以综合不同方面的好人好事写成综合消息，如果有特别突出的优秀人物，则建议写成人物通讯。李大雷翻阅了一些报刊，借鉴报纸上新闻稿的写法，顺利地完成了村委交办的宣传任务。

　　　　消息、通讯作为常用的新闻体裁，不同于常见的记事写人散文，有约定俗成并符合读者阅读心理的写作要求。

　　消息和通讯是最常见的新闻体裁。

　　消息是以简洁明快的语言迅速及时地报道新近发生的新闻事实的一种新闻体裁。在新闻报道中，消息使用频率最高。通讯则是一种比消息更能详细生动地报道客观事物或典型人物的新闻体裁。它可以用描写、议论、抒情、叙述等多种手法来写人记事。它的作用是评价人物、事件，推广工作经验，介绍地方风貌，等等。

一、消息和通讯的分类

（一）消息的种类

消息可以粗略分为以下几种：

1. 动态消息

动态消息往往抓住刚刚发生的一个事实、一种情况，简明扼要地写成稿子，迅速及时地告诉读者。它的内容较单一，文字精简，重视一事一报。如

"今日起汽油价格上调0.2元""我国选手获得奥运会第一块金牌"等。

2. 综合消息

综合消息也称综合新闻，是把一个时期内发生在不同地区或单位的具有类似性质又各具特点的事实组合起来，从不同方面去阐明一个共同的主题，反映全局性的情况、成就、趋势、动向或问题的消息种类。

3. 典型消息

典型消息也称典型新闻，这是对某一部门或某一单位的典型经验或成功做法的集中报道。

4. 述评消息

述评消息也称新闻述评，它除具有动态消息的一般特征外，还往往在叙述新闻事实的同时，由作者直接发出一些必要的议论，简明地表达作者的观点。

5. 人物消息

人物消息是用以报道新闻人物，反映某个特定人物的思想、成就、行为或遭遇的消息种类，在目前报纸上运用比较广泛。

（二）通讯的分类

通讯主要有四类：

1. 人物通讯

人物通讯以报道先进人物、新闻人物为主要内容，报道的目的是反映他们的先进事迹，展示人物的崇高品质，为社会树立榜样。

2. 事件通讯

事件通讯集中反映现实生活中有典型意义的事件，通过写典型事件，来刻画一代新人的"群像"以表扬先进，歌颂社会新风。这类通讯可以具体地写出一件事的来龙去脉，也可以把全过程压缩成概括性的叙述，还可以把事件中的某个片断作突出的描绘。

3. 工作通讯

工作通讯是介绍经验类的通讯，通过各种典型事实，宣传各地区的具体经验和方法，反映某实际工作中的先进人物。

4. 概貌通讯

概貌通讯主要反映现实生活中的新风貌、新气象、新变化，这种通讯由于经常用于介绍名山大川、名胜古迹，因此经常也被称为是旅游通讯。

消息和通讯都要求用事实说话，都通过寓于报道中的观点，影响与指导受众的思想和社会舆论，但两者又有区别：

1. 从内容上看

消息的篇幅较短，容量有限，内容单一；通讯内容丰富，容量很大，篇

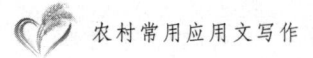

幅较长，只要是生活中具有典型意义的人和事都可以写，而且写得很具体。

2. 从写作手法上看

消息的写作方法比较单一，以叙述为主，而且多是概括叙述；通讯可以综合运用记叙、描写、议论、抒情、说明等多种表达方式，还可借用文学表达方式、技巧等，常以生动形象的描写，起伏跌宕的情节和刻画入微的细节等来刻画人物和反映事件。

3. 从时效性上看

消息强调争分夺秒地采访与传播；通讯也要求及时地采访、刊登或播出，但时效性略次于消息。

二、消息和通讯的特点

消息和通讯具有以下共同特点与要求：

1. 真实性

新闻报道的生命在于真实，不管是哪种类型的消息或通讯，都要求所描写内容的真实性，不能为了吸引读者展开所谓"合理想象"、杜撰事件或者细节。

2. 时效性

新闻报道采写的特点在于及时有效地向读者反映最近发生的事情，通讯虽然不及消息那样能够快捷地反映事件，但也讲究时效性。

3. 可读性

消息和通讯作为新闻采写人员的劳动创造，需要一定的可读性，才能吸引读者，发挥出新闻报道的价值。

4. 指导性

消息和通讯要求采写的内容具有客观性、准确性，但同时也要求新闻工作者通过新闻报道来弘扬社会正义、正确的价值观，因此需要新闻采写人员在描述、评论新闻现象时能够明辨是非、分辨美丑。

三、消息、通讯的结构与写法

（一）消息的结构与写法

消息的撰写，核心内容是告诉读者新闻事件的"五 W 一 H"（什么时间 when、什么地点 where、什么人物 who、发生什么事件 what、什么原因 why，以及具体过程 how）。围绕这些问题，消息可以有多种表现方法。

消息的结构具体表现为：标题、导语、主体、结尾，并在文中穿插背景材料。导语是新闻开头的第一句话或第一自然段，扼要揭示新闻的主要内容。主体是新闻的躯干，是对导语的进一步扩展，要用充分的事实表现主题。背景是新闻发生的社会环境或自然环境。结语是交代新闻事件结果的话。可有可无，视具体情况而定。

1. 标题

标题是用来概括新闻的主要事实的。在数量上，消息标题有单标题、双标题与多标题三种；在功能上，消息的标题主要有主题、引题、副题三种。主题用来概括与说明主要事实和思想内容。引题揭示意义或交待背景，说明原因，烘托气氛。副题提示报道的事实结果，或作内容提要。

如：太阳腰围正在加大（主题）

直径 21 年增加 300 公里（副题）

又如：大头大脑 大大咧咧　大红大绿（引题）

杂乱广告牌太碍眼（主题）

消息标题在叙述方式上可以有叙述、抒情、白描、议论，在使用修辞技巧上，可以用比喻、对仗、排比、谐音、借代、用典、反语等。

2. 导语

导语是指一篇消息的第一自然段或第一句话，用简短的语言介绍主要内容，揭示新闻主题，或采取其他生动形式引起读者的阅读兴趣。

以下几种形式的导语比较常见：

（1）概述型导语

概述型导语是用叙述的方法，把消息中最核心、最主要的事实，开门见山、简明扼要地写出来。这是最常见的一种导语，如新闻稿《××大米指定网站开通》的导语是这样的：

××市政府唯一官方指定的××大米网站××××网日前正式开通，网站通过对××大米生产经营企业信息进行公示、溯源防伪的五常大米产品展示、权威信息发布，让消费者了解并买到纯正的××大米。

（2）描写型导语

选择消息中某一有意义的场景进行描写，以此作为新闻的导语。描写型导语具有现场感，比较生动、活泼，形象具体，从而容易吸引读者的注意。新闻稿《××县生态农业成转型发展引擎》则是以对交易会的一幕进行描写作为自己的导语：

"1 000，1 200，1 500""成交。"随着主持人的落锤，产自××县××乡的一箱苹果最终以 1 500 元卖出。据了解，这次大会共拍得善款 12 200 元。同时，××有限公司现场捐赠 2 万元，大会一共筹得善款人民币 32 200 元，这笔款项将全部用于资助该乡××村、××村等地生活困难的村民。××乡乡长×××代表该乡接受了这笔善款。这一幕发生在××区的一次生态农业生态链的对接研讨会上。

（3）提问型导语

这类导语面对新闻现象，鲜明地提出问题，引起读者的关注和思考。如：

央行宣布从 10 月 9 日起，下调一年期人民币存贷款基准利率各 0.27 个百分点，同时宣布下调人民币存款准备金率。这是一个月之内连续两次降息，对冷清的房地产市场将有何影响？

（4）评论型导语

评论型导语在直述新闻事实的基础上，对新闻现象的本质、作用、影响予以评论。如：

近日，中央财政紧急拨付了奶农临时救助补贴资金 3 亿元，重点支持内蒙古、河北、辽宁、山西、山东、河南 6 个奶业主产省（区）特别困难的倒奶奶农。这是为稳定奶牛养殖基础，促进奶业持续健康发展，贯彻落实国务院常务会议精神，财政部、农业部对倒奶严重地区特别困难奶农实施的一项临时救助补贴政策。据悉，中央财政补贴资金采取切块一次性下达，由地方根据实际情况，结合地方财政补贴资金统筹安排使用。

在实际运用的过程中，还可以借助比喻、对比、叙事、引语等方法使以上四种类型呈现出不同的效果。

如概述型导语在运用对比、衬托的手法后，可以表现新闻的事实发生前后的强烈反差，从而凸显新闻稿的主题。如一篇反映政府工作作风整顿成效的新闻稿是这样导入的：

昔日上班稀稀拉拉，毫无时间观念，迟到早退现象是常见的事；现在上班已抓紧时间、积极工作，创先争优蔚然成风。这是××乡今年以来开展政府机关作风集中整治工作的缩影。

评论型导语也可以借用"比喻"这一修辞手段，增强导语的形象性和说服力。如新闻稿《让粮库"硕鼠"无处容身》：

原本是国家托市粮的委托"保管员"，却成为了监守自盗的"硕鼠"。近日，××县一家粮油公司被发现在收购、储存国家托市粮期间，用稻壳冒充小麦，非法盗卖库存粮食。

描写型导语还可以描摹记录新闻当事人具有"点题"作用的语言，记录当事人的故事。

续表

例　文	评　析
15 名省直第一书记、9 名市直第一书记和 18 名县直第一书记驻村入户调研情况，帮助贫困村加强组织建设、制定帮扶措施、谋划脱贫路径。该县还深化完善网格化党员干部联系服务群众工作机制，创新开展大走访、大接访活动，全县 1 万余名党员干部与 6.3 万户群众建立了直接联系，1 192 名机关干部与 1 330 户困难家庭结成帮扶对子。	用数据、实例来反映抓党建促精准扶贫的效果，对应标题中的"1"，同时与前文县委书记的发言形成前后呼应。 　　全文篇幅不长，但内容充实，结构紧凑。

【例文二】

例　文	评　析
<h3 align="center">董瑛飞：让乡亲不再卖难</h3>　　今年 30 岁的董瑛飞，2008 年毕业于中国管理软件学院。经过几年的努力有了一份稳定的工作，月收入一万多元。2014 年 6 月他回到家中，正值乡亲们的莴笋卖不出去，一斤莴笋只卖 8 分钱还没人要。看着乡亲们一个个愁容满面的样子，董瑛飞的心比刀刺还疼，他知道一位农民要供养一个大学生是多么不容易。 　　"我是东屯的大学生，更是东屯队的儿子，有义务帮助乡亲们把菜销售出去，我一个人富了不算富，只有乡亲们都富裕了，我的心里才有快乐和安慰。"董瑛飞是这样说的，也是这样做的。 　　一时间，董瑛飞回来帮助群众网上销售蔬菜的消息传出后，乡亲们奔走相告，十分高兴，纷纷夸赞他是东屯队培养的好青年。但是，他的这一举动却让父母和亲戚都难以理解，"好不容易供出来个大学生，看着挣钱了，他却偏又回到了这个穷地方。"除了家人的不理解，董瑛飞还面临着群众的质疑，网上销售蔬菜能行吗，靠得住吗？ 　　为了以实际行动告诉群众网上销售的快速便捷，尽快把积压的蔬菜销售出去，减少群众损失，董瑛飞及时与各大网站联系，并大力宣传华州无公害蔬菜。很快北京、天津、河北等 8 个省市的客商来到华县拉菜，被积压的莴笋被一拉而空。	用人物的语言作为标题，生动形象。 　　这篇消息使用描写型导语，通过叙述故事介绍了董瑛飞为乡亲们买蔬菜的缘由。 　　选择有代表性的话语来体现董瑛飞的精神境界，同时作为过渡段引领下文，前后呼应。 　　用家人的不理解、群众的质疑衬托出了主人公的高尚品德。后文以两个事例展示董瑛飞为乡亲们卖蔬菜的效果构成叙事情节的起伏。同时，在叙事中夹杂了董瑛飞及其父母的语言，使本文具有鲜活的生活气息。

续表

例　文	评　析
去年 6 月，东屯队的莲花白、豆角和往年一样如期上市，但价格却大不一样，由于董瑛飞及时在各大网站发布了信息，来华县拉蔬菜的车流不断，每天都有十多辆车等着拉菜。之前一斤 8 分钱无人要的莴笋卖到了 5 角钱，豆角卖到了 1.5 元。家家户户收入上了万元，乡亲们从心里感谢这位 80 后大学生。从未见过大世面的群众从内心服了董瑛飞，他们说有董瑛飞在，我们再也不愁菜卖不出去了。 　　提起今后的打算，董瑛飞胸有成竹地告诉笔者，要想带领群众走上富裕路，就必须真抓实干。一是尽快成立东屯队蔬菜专业合作社，依靠蔬菜专业合作社集体的力量对蔬菜进行包装，进行网上销售。二是带领群众种植赤水大葱。赤水大葱历史悠久，名扬三秦，但近年来，由于品种退化等原因，种植面积有所下降，要通过提高种植面积，宣传打响赤水大葱品牌。三是通过蔬菜专业合作社对群众进行科学种菜知识培训，不不断提高群众的种菜技术和管理水平，只有这样才能让更多的群众早日走上富裕之路。	在介绍过去的成绩之后，重点写了今后的计划，突出"让更多的群众早日走上富裕之路"这个主题。

思考与实践

　　一、消息与通讯在写作要求上有什么区别？怎样判断一个新闻素材是写成消息还是通讯？

　　二、下面这篇例文选自某村网站，作为消息，它有什么问题？应该怎样修改？

我村积极开展"美化家园、植树造林"活动

　　入春以来，互助村委会进一步坚持以人为本，加强植树绿化、爱护绿化的宣传教育活动。增强村民的环保意识，将植树绿化，爱护绿化，营造良好的生活、生态环境变为每个村民的自觉行动，形成人人为绿化做贡献的新风尚。同时加强绿化法制宣传，提高广大干部、群众种绿、护绿的意识和法制观念，保护已取得的绿化成果。今年 4 月份在全村开展农村植树活动，掀起了全民共建绿色生态家园的行动热潮。

三、本节提到了消息的一种常用的结构——"倒金字塔结构",您能否将下面这篇消息改成倒金字塔结构的动态消息?

我村网站荣登"五星级"行政村

迎接新世纪的挑战,科技是关键。中国社会主义改革开放和现代化建设的总设计师邓小平同志曾提出"科技是第一生产力。为了加快农业科技进步,落实科学发展观,更好地推动新农村建设,提高农村信息化水平。

8月初,"世纪之村"首次对泉州各地区下属自然村、行政村进行网站星级初级评定考核,"星级评定"是以村级网站信息发布数、信息发布及时率、发布信息内容质量三方面进行一到五星级的考核。我村网站在此次考核中位列全市前列,荣登"五星级"行政村,同时也成为我镇唯一获得此荣誉的行政村。

"世纪之村"农村信息化平台是国家科技部确定的"2008—2009年国家星火计划"项目,是集软件开发、信息点建设、农村(草根)物流配送队伍建设为一体的信息服务系统。旨在服务"三农",推动"三农",促进社会主义新农村建设。平台推广工作被列入泉州市2010年政府工作报告中,目前全市已有2 449个行政村开通"世纪之村"网站,首次选评出来的"五星级"行政村共有11个。

经过一年来的辛勤付出,大大地提高了村级政务管理效能,促进了各部门的协调工作,增强了政务财务工作透明度,加大了群众参与和监督力度,促进了村级工作的规范化和高效化,为拉动农村经济、启动农民智慧、方便农产品交易、解决农村劳动力输出、增强农村就业岗位、拓宽农村物流渠道,建设和谐乡村奠定一个良好的基础。

第六节 会议文书

 案例导入

省里举行"文明乡村"的评选活动,白鹤乡宏丰村顺利当选。最近白鹤乡宏丰村召开"乡村精神文明建设"的活动周,乡镇以及县里均有领导参加。为了办好这次会议,村支书老王还要代表村委在开幕式上讲话,需要准备发言稿,他把这个任务交给了李大雷。李大雷查阅了应用文写作方面的资料,了解了开幕式当天会议的事项安排,为支书老王起草了开幕词和主题讲话,并提交村委会讨论

> 修改。
>
> 　　由于是代表单位、部门进行发言，很多会议文书虽然是由个人宣读，但在起草修改过程中都需经过集体审定。

会议文书是指在各类会议上使用的书面材料。会议文书有助于准确传达信息，提高会议的工作效率。

一、会议文书的种类

从会议的过程来看，会议召开前的会议文书包括了会议筹备方案、会议通知、会议提案、会议议案、会议议程、会议主报告征求意见稿等；会议召开期间的会议文书则有欢迎词、开幕词、工作报告、讲话稿、会议决议、会议记录、会议简报、闭幕词等；会议召开后还会有新闻发布稿、会议纪要、会议总结、会议情况报告等。

从会议文书对会议的作用来看，第一类是主题性会议文稿，即体现会议主要目的的文稿，如工作报告、工作总结以及领导讲话稿等；第二类是辅助性会议文稿，即围绕会议主题开展所需的文稿，如述职报告、典型经验介绍、汇报、开幕词、闭幕词、就职发言等；第三类是记录宣传性的会议文书，包含了会议记录、会议纪要、会议简报、会议新闻稿、公开信、倡议书等；第四类是服务性的会议文稿，如会议通知、会议日程、会议方案、主持人用语、会务总结等；第五类是礼仪性的会议文书，如欢迎词、贺词、欢送词、答谢词等。

二、会议文书的特点

在工作实践中，不同规模、性质的会议所需要的会议文书是不同的。本节重点介绍开幕词、闭幕词以及领导讲话稿。

对于各类会议常用的开幕词、闭幕词以及领导讲话稿来说，它们具有以下特点：

（1）主题的鲜明性

每个专题会议都有一个鲜明的主题，会议文书应该围绕这个主题进行撰写。如某乡镇召开治安工作专题会议，那么会议的开幕词、闭幕词以及会议中的工作报告、讲话都只能是围绕着"治安"这个主题进行。

（2）表达的通俗性

由于多数会议文书是与会人员发言的底稿，因此在表现方式上它具有口语化、通俗化的特点，不同于研究性的文稿。

（3）立场的集体性

会议过程中的开幕词、闭幕词以及领导讲话稿虽然是由具体的个人宣读，但这些发言材料的内容其实代表着集体的意志，尤其是文书中一些带有政策性的观点、意见，需要慎重对待。因此，会议文书一般都需要事先集体商议、审核。

（4）感召性

召开会议的目的是为了促进工作，不管是开幕词、闭幕词还是领导讲话稿，都会对工作进行总结和提出希望要求，因此，会议文书大多具有感召性。

三、会议文书的格式与写法

（一）开幕词

开幕词是在会议活动正式开始时，由主办方身份最高的领导宣布会议活动开幕的致辞。开幕词除了宣布开幕之外，主要阐述本次会议目的、任务、意义，提出对会议的希望和要求，同时还要对来宾表示欢迎和感谢。

开幕词由标题、日期、致辞人、称谓、正文和结束语几部分组成：

1. 标题

标题一般由事由和文种构成，如"××大会开幕词"；有的标题由致词人、事由和文种构成，其形式是"×××同志在××××会上的开幕词"；有的采用复式标题，主标题揭示会议的宗旨、中心内容，副标题与前两种标题的构成形式相同，如"我们的文学应该站在世界的前列——中国作家协会第四次会员代表大会开幕词"；也有的只写文种《开幕词》。

2. 时间与致辞人

时间写在标题之下，用括号注明会议开幕的日期。在日期的正下方注明致辞人。

3. 称谓

一般根据会议的性质及与会者的身份确定称谓，如"同志们""各位代表、各位来宾""运动员们"等。

4. 正文

正文包括开头、主体和结尾三部分。正文开头部分一般开门见山地宣布会议开幕。也可以对会议的规模及与会者的身份等作简要介绍，并对会议的召开及对与会人员表示祝贺。

正文的主体部分通常包括三项内容：一是阐明会议的意义，通过对以往工作情况进行概括总结，和对当前形势进行分析，说明会议是在什么形势下，为了解决什么问题和达到什么目的召开的；二是阐明会议的指导思想，提出大会任务，说明会议主要议程和安排；三是为保证会议顺利举行，向与会者提出会议的要求。

结尾部分一般是对与会者表示感谢，并预祝大会圆满成功。

（二）闭幕词

闭幕词是在会议活动结束时，由主办方身份最高的领导宣布会议闭幕的致辞。闭幕词主要阐述本次会议取得的成绩，对今后的工作提出希望和要求，同时还要对来宾表示感谢。

闭幕词的格式与开幕词相同。在正文的写作上，开头一般用简明的语言说明本次会议活动是在什么情况下圆满结束、胜利闭幕的。主体部分用叙述的方法回顾总结本次会议取得的成就和有哪些经验、意义，并在此基础上提出贯彻会议精神或对办好下一届会议活动的要求和希望。结尾部分向支持会议活动的单位和个人表示感谢，向与会者表示良好的祝愿，也可郑重宣布会议闭幕。

（三）领导讲话稿

领导讲话是领导参与公务活动的一种方式，是实施领导职能的重要途径。在某些场合，领导可即兴讲话，不需要讲话稿；但在正式的会议场合，为了提高讲话质量，需要事先拟写好讲话稿或讲话提纲。由于领导公务繁忙，或者涉及基层的具体事务，有时需要秘书代拟讲话稿或者基层单位提供相关资料。

会议的性质以及类型的差异决定了领导讲话稿的多样性，但总的来说，领导讲话稿不同于一般的会议文稿，要突出以下几点：

（1）政治性

领导干部在各级会议上的发言是对下级干部群众开展工作的直接指导，代表了领导集体对某项工作的认识、执行党的方针路线政策的态度。因此，领导讲话稿要有正确坚定的政治立场，符合党纪国法，不能够出现政治立场上的偏差。

（2）思想性

领导讲话稿一般是站在宏观的角度对某项工作的重要性进行阐释，对具体实施方式提出原则性的要求。因此，好的讲话稿总是能够在纷繁的事物中找到问题的本质，能够从理论的高度发人深省，使与会人员提高认识、明确方向。从这个角度来说，领导讲话体现的是领导干部对理论、政策的理解水平和运用能力。

（3）针对性

领导讲话不能用"万能模板"，不应是务虚的空谈。领导讲话要有明确而鲜明的针对性，针对干部群众中普遍存在的困惑、工作中突出的问题、实践中得出的经验进行归纳分析，或是答疑解惑，或是指明路径，为下一步的工作提供参考借鉴。从实践来看，好的发言稿都是立足现实，聚焦于具体问题。

（4）可听性

为了使发言达到更好的效果，讲话稿还要注意表现出发言人的个性风格。这种个性在发言稿中体现为一种语言的风格，这种语言风格既依靠词语、修辞、结构来体现，又表现在叙述评论的角度、分析推理的逻辑上。

因此，在起草领导讲话稿的过程中，要着重做好以下几点：

①准确定位，即分析领导在会议上的发言角度，是宏观还是微观，是提出具体的工作实施建议，还是站在纵观全局的角度提出总的工作原则、工作目标。

②领会领导的发言意图。在领导提出的观点的基础上，形成具体的工作措施、建议和要求；或者是针对具体的工作措施进行理论上的阐释。

③根据观点材料，收集事例、数据，认真谋篇布局，形成文字。

④根据领导讲话的语言风格以及大会的性质对发言稿不断进行修改，使发言稿的语言既庄重得体，又活泼生动，符合领导的身份与会议场合。

领导讲话稿的标题可以写成"××同志在××会议上的讲话"，也可以使用双标题，如"让××村建设的步伐迈得更快一些——××同志在××会议上的讲话"。

因为会议的性质、讲话的对象、发言人的角度、发言的风格不同，讲话稿在实际工作中会呈现出多样化的面貌。常见的领导讲话稿在结构上多采用以下方式展开：

（1）导语部分

导语部分一般围绕以下内容进行：一是对与会人员表示慰问、感谢；二是对会议的主题、意义进行概述；三是对前几位发言人的内容进行归纳、点评。

（2）主体部分

主体部分是讲话稿的主干，一般围绕以下内容展开：一是对前一段工作进行概述、总结、点评；二是对会议议题的重要性、必要性的理论阐释，或者是经验的提炼；三是针对今后的工作提出要求或者补充意见；四是对落实工作的具体部署提出执行要求。

（3）结尾部分

结尾部分主要是提出号召或者希望。

例文与评析

【例文一】

例 文	评 析
××镇人代会闭幕词 （××××年×月××日） ××× 各位代表、同志们： 　　×××镇第×届人民代表大会第×次会议，在镇党委的亲切关怀和指导下，在大会主席团的直接领导下，经过全体代表的共同努力，已圆满完成会议的各项任务，达到了预期目的。 　　会议期间，代表们肩负着全乡人民的重托，以对党、对人民高度负责的精神，认真履行法律赋予的职责，充分行使了自己的民主权利。会议审议并通过了政府工作报告、人大主席团工作报告和财政预算决算报告，成功选举产生了镇人大副主席。会议充分体现了党的宗旨，反映了人民的意志。会议开得既严肃认真，又生动活泼，既民主团结，又务实高效。可以说是一次加压鼓劲、寻求突破、加速发展，确保我乡经济再上新台阶的动员大会，是一次民主团结、奋发向上、群策群力、共谋发展的群英大会。在这里，我谨代表镇党委，向大会的圆满成功表示热烈的祝贺，向来自全镇各条战线的各位代表、列席会议的全体同志表示衷心的感谢。我们决不辜负大家的期望，恪尽职守，努力把工作做好。 　　现在，方向已经指明，任务已经确定，今后的工作任重而道远。要完成大会所指定的工作目标和任务，尚需要我们加倍努力，丝毫不可自满和懈怠。要进一步统一思想，振奋精神，加强学习，提高素质，转变作风，求真务实，发扬民主，健全法制，积极推进三大文	标题之下，用括号注明会议开幕的日期。在日期的正下方注明致辞人。格式规范。 开头部分宣布大会结束。其中"已圆满完成会议的各项任务，达到了预期目的"是会议闭幕词常用语。 第二部分对会议情况进行了总结，使用了对仗句，长短句相间，琅琅上口富有感染力。 第三部分承接上文，在总结的基础上提出了今后的工作目标，条理清晰，内容衔接紧密。在表述上句式长短相间，灵活多变。

续表

例　文	评　析
明建设，努力构建和谐×××、实力×××。要树立商品经济观念，强化市场经济意识，紧紧围绕做好"八篇文章"、打好"六场硬仗"的要求，突出重点、大胆改革，进一步推进农村改革发展综合试验区建设；要大力开展招商引资，努力发展现代工业，壮大民营企业，加快乡域经济发展；要继续抓好计生、土地、环保、新农保、新农合等工作，不断促进社会各项事业健康发展。我们坚信，凭着全乡人民的勤劳智慧，凭着广大干群的艰苦创业，我们的目标一定能够实现。 　　各位代表，你们来自各行各业、各条战线，你们是先进生产力的代表，你们肩负着全乡人民的重托和希望，你们的言行在很大程度上影响着群众的思想和行为。我们每位代表都要树立科学发展观，要具有光荣的使命感和崇高的责任感，从我做起，从现在做起，内增素质，外塑形象，争做干事创业的模范，争当致富能手和致富带头人，争创一流的业绩，在镇党委的统一领导下，团结一致，同心同德，艰苦创业，为全面建设小康社会，为共创×××美好的明天而不断探索、不断创新、不断进取。 　　回顾过去，我镇各项工作都取得了巨大成绩。农村改革发展综合试验区建设深入推进。区农村新农保现场会、区农村组织建设现场会、"创先争优"活动现场会、全区建立村务监督现场会分别在我镇召开，总结推广×××经验，并代表全区接受市年终试验区建设检查考评。招商引资工作成效显著。×××塑机有限公司、×××家具厂、×××制衣和××服饰有限公司产销两旺，形势喜人。计划生育工作再创佳绩。全区创建基层满意站所暨村务公开现场会在我镇召开，镇计生中心被县推荐为"全省基层满意站所"，××村被授予"国家级计划生育村民自治示范村"。社会民生得到有效改善。先后实施了村组道路、敬老院建设等十大民生工程。信访稳定工作成效突出。被评为市"平安建设"先进乡镇和"四无"乡镇。这些成绩的取得是镇党委正确领导的结果，是镇政府及各部门共同努力的结果，是全镇广大干群齐心协力的结果。	第四部分由前文概述工作目标过渡到寄语与会代表要奋发进取，过渡自然。 　　第五部分回顾了过去取得的巨大成绩，例举了各方面各行业有代表性的事例。既是对有关部门的表扬表彰，也在为与会代表打气鼓劲。

续表

例　文	评　析
成绩来之不易，我们理应倍加珍惜，并把过去的成绩作为今年工作的基础和起点。今年工作目标和任务已经确定，下一步关键就是抓好落实。各村（街）、各单位和全镇广大干群要迅速把思想统一到今天会议的精神上来，团结一致、抓住机遇、乘势而上、狠抓落实。	第六段及下文对落实今年工作目标进行了部署安排。发言人提出了六个方面的要求，每一项要求都采用对仗句作为小标题。
（一）团结一致，狠抓落实。团结就是力量。团结出战斗力、出号召力、出凝聚力、出生产力，这已经形成共识。面对今年繁重的工作任务，我们更要进一步树立一盘棋的思想，树正气、讲团结、识大局、比贡献，绝不允许工作中有政令不畅、消极执行、被动应付的现象发生，坚决杜绝政府权力部门化、部门权力个人化、个人权力利益化的现象，少说多做，实干快干，上不负党组织，下不负老百姓，从而形成同心同德、群策群力、众志成城的干事创业浓厚氛围。	在"团结就是力量""杜绝政府权力部门化"处使用排比句，增加了感染力与说服力。
（二）严格考评，狠抓落实。要进一步健全和完善目标考核体系，继续实行目标管理，解决干多干少一个样、干好干坏一个样、干与不干一个样的问题，确保各项重点工作能够高效率推进、高质量完成。对此，镇党委、政府的态度非常明确，就是要高标准、严要求，来真的、干实的，争第一，所有工作不仅要看过程，更要看结果，不仅要乡内比，更要与兄弟乡镇比。比出差距、比出干劲、比出奉献、比出成绩。	
（三）强化责任，狠抓落实。全乡上下必须树立强烈的责任意识，形成"一级抓一级，层层抓落实，事事有人管"的工作格局。领导干部要加强对所驻村和分管工作的指导及督促检查。各村（街）、各单位要结合全乡工作目标，认真研究，把本村（街）、本单位工作目标任务细化量化，重点要理清思路、制定措施、明确责任、抓好落实、创先争优。镇党委、政府要对各项工作开展定期与不定期的督促检查，随时掌握工作进度，及时通报工作情况，做到所有工作件件有跟踪、件件有结果。对工作积极主动、完成任务好的单位和个人，要通报表扬，反之，则通过政治的、经济的、纪律的手段予以处理，真正在全镇形成同心协力，齐抓共管的良	多处叠加使用结构相同的词组表达同一意义（如"比出差距、比出干劲、比出奉献、比出成绩""勇敢地闯、大胆地改、果敢地试"），丰富了语义，产生了强大的感染力与号召力。

续表

例　文	评　析
好局面。 　（四）突出重点，狠抓落实。要紧紧围绕农村产业结构调整、农村改革发展试验区建设、招商引资、"六城联创"、基层组织建设等重点工作，勇敢地闯、大胆地改、果敢地试，不断培育新亮点、创造新经验、取得新成效、产生新影响、重塑新形象。 　（五）转变作风，狠抓落实。进一步解放思想，更新观念，增强开放意识、宗旨意识、大局意识，打造大解放、大开放、大合作、大发展的良好格局；进一步创新改革，增强工作的主动性、创造性，启动内力，激发活力，进一步转变作风，提高效率，以只争朝夕、时不我待的紧迫感，谋工作、抓落实、比干劲、做贡献，形成发力奋进、大有作为的浓厚发展氛围。 　（六）加强党建，狠抓落实。要始终把党建工作摆在首位，牢牢把握"围绕经济抓党建，抓好党建促发展"这个主题，结合不断变化的新形势、新情况、新变化，不断创新工作思路和工作方法，扎实推进党建工作。加强班子建设。"火车跑得快，全靠车头带"，一个好单位，必有一个好班子，一个好班子，必有一位好班长。镇党委决心把今年作为基层班子建设年，抓班长、抓班子、带队伍，增强基层班子的号召力、凝聚力和战斗力。要着力加强干部作风建设，严格执行"五天四夜"工作制和"五禁止、十不准"的规定。要深入开展"创先争优"活动，强化广大干部的责任意识、敬业意识、奉献意识、大局意识。干就干实事，创就创一流。对不作为的干部要进行诫勉谈话或通报批评或免职处理，坚决做到奖励实干的，鞭策后进的，处理不干的，严惩捣蛋的，绝不姑息迁就、心慈手软。健全制度建设。要建立健全各项规章制度，用制度来约束、规范镇、村干部的行为，做到有章可循、有章必循、违章必究、奖罚分明。落实廉政建设。要坚持民主集中制，强化党内监督；坚持政务村务公开，严格按照"四议两公开一监督"工作法，管理村务政务，强化民主监督。坚持责任追究，强化纪律监督；确保权为民所用，利为民所谋。实施阵地建设。要争取上级资金，挖掘内部潜力	"一个好单位，必有一个好班子，一个好班子，必有一位好班长"使用顶针句式，语言递接紧凑而生动畅达。 　"坚决做到奖励实干的，鞭策后进的，处理不干的，严惩捣蛋的"，对干部的不同情况区别对待，对比鲜明，通俗易懂。 　总体上看，这篇闭幕词按照"总结会议""归纳工作目标""回顾工作成绩""提出实施措施"的思路来展开，逻辑严密，语言精练而富有感召力。

续表

例　文	评　析
力，对××、×××等村部进行整修或重建。 　　各位代表、同志们，春回大地，万象更新。新的征程已经开启，新的使命正在召唤，让我们在上级党委、政府的坚强领导下，全镇上下团结一致向前看，坚定信心谋发展，乘势而上谱新篇，共同为圆满实现全年目标任务而努力奋斗！为全面推动×××经济社会实现快速发展而努力奋斗！ 　　谢谢大家。祝各位代表和同志们身体健康，家庭幸福，事业有成。	最后两段为闭幕词结尾部分，包含两个方面的内容：一是号召与会人员为今后的工作努力奋斗；二是对与会代表予以祝福问候。

【例文二】

例　文	评　析
<h3 style="text-align:center">在××村党委换届选举大会上的讲话</h3><p style="text-align:center">（2015 年 11 月 25 日）</p><p style="text-align:center">×××</p>同志们： 　　今天，我们迎来了××村党委换届选举大会的胜利召开，这是××村广大党员政治生活中的一件大事，也是全村父老乡亲加快发展农村经济的一件喜事。刚才，在全体党员的共同努力下，本次大会成功选举产生了××村新一届党委领导班子。在此，我谨代表镇党委向新当选的班子成员表示热烈的祝贺！也向奋战在农村工作一线的广大党员表示深切的问候！ 　　多年来，××村在以杨××书记为班长的村党委的领导下，充分发挥党组织在推动发展、服务群众、凝聚人心、促进和谐中的作用，走出了一条党的坚强领导下的富民强村之路。始终坚持强班子、建队伍，充分发挥党组织的领导核心和战斗堡垒作用；始终坚持民主治村、依法治村，不断发展完善党领导的村级民主自治机制；始终坚持发展壮大村级集体经济，努	格式正确。"在××会议上的讲话"属于单标题。 　　导语部分用语得体，包含两个方面的内容：一是对会议的主题、意义进行概述；二是对与会人员表示祝贺与问候。 　　用排比句式"始终坚持"对××村的党委班子工作进行总结、评价，生动而精练。这些经验也是领

续表

例　文	评　析
力夯实党组织发挥作用、服务群众的物质基础，使××村成为我县推进新农村建设的一面旗帜，成为我县实现共同富裕的典范。镇委对××村的工作是给予充分肯定的。 　　××村取得的成绩离不开广大党员群众的共同努力，离不开村党组织的坚强领导，更离不开新农村建设的"领头雁""为民好书记"——杨××同志。杨××同志担任村书记20多年来，立身正，处事公，思路清，办实事，方法活，待民善，真正做到了权为民所用，情为民所系，利为民所谋。村党组织是农村基层组织和各项工作的领导核心，作为村党组织书记更担负着把党的路线方针政策落实到群众中，带领群众脱贫致富奔小康的最重要的职责。根据镇委的安排，这次××村党员大会还特别邀请了全镇其他26个村的书记现场观摩，目的就是学习经验，促进工作。希望村书记们通过这次活动，能够有所感触，在今后的工作中真正做到锐意进取、公道正派、务实为民，全力推进我镇新农村建设上新台阶。 　　当前××村新农村建设已进入攻坚阶段，村党委班子要按照"创业创新、转型升级"的科学发展要求，围绕"创先争优"目标，落实大会提出的发展思路，想方设法发展村集体经济，进一步做好新农村建设各项工作，使新农村建设成果更好地惠及村民。要始终按照围绕经济抓党建，抓好党建促经济的总体要求，把加快农村经济社会发展作为中心任务，把强村富民作为第一职责，坚持党建经济两手抓，两手都要硬，不断巩固村党委在推动××村经济社会全面发展中的战斗堡垒地位。 　　同志们，××村新一届党委班子已经产生，工作任务繁重而艰巨，压力与动力同在，机遇与挑战并存，让我们在镇党委、政府的领导下，以邓小平理论和"三个代表"重要思想为指导，	导讲话中予以肯定、将要推广宣传的经验。 　　对该村支部书记的工作评价的表述简洁生动，内涵丰富（"立身正，处事公，思路清，办事实，方法活，待民善，真正做到了权为民所用，情为民所系，利为民所谋"），阐述了村支书所肩负的任务，并号召与会观摩的村支部书记向标兵看齐。 　　承接上文，要求××村党委班子进一步做好各项工作。

续表

例　文	评　析
深入贯彻落实科学发展观，继续解放思想，推动科学发展，促进社会和谐，振奋精神、抢抓机遇、开拓进取、再求突破，为建设富裕、文明、和谐的新××村继续努力奋斗。	感召式结尾，号召所有与会人员继续开拓进取，取得新的成绩。

思考与实践

一、在导入案例中，李大雷要帮村书记老王草拟开幕词，这份开幕词应包括哪些内容？

二、白鹤乡召开全乡综合治安工作会，县、乡主要领导都要做专题发言。这两份领导发言在内容上要有什么区别？

第五章
农村常用生活类应用文

◎了解请柬、聘书的基本特点、格式和写法；

◎熟悉婚前财产约定书、离婚协议书的基本构成要素、法律效用及写作方法；

◎明确讣告、悼词的结构和写作要求并能够正确撰写；

◎掌握祝辞、感谢信和慰问信的不同适用范围，并能使用得体的语言、真挚的情感进行撰写。

第一节　祝（贺）词

 案例导入

　　今年 9 月 1 日是南溪村希望小学创办十周年纪念日。希望小学的落成，为南溪村的少年儿童提供了良好的教学环境和优质的教学资源。小学校长邀请该村村长在十周年庆典仪式上致辞祝贺。那么，村长该说些什么呢？

　　组织（单位）的发展或个人的成长，总会有喜事相伴。我们往往希望能在喜事来临之际给组织（或个人）以祝贺、祝福与激励。当然，祝贺的话也不是随意就说的，我们需要一份热烈、真挚的祝词。

　　祝（贺）词泛指在各种喜庆场合中表示祝贺的言辞或文章，是日常应用生活类应用文中的重要文体之一。一般是在婚嫁乔迁、升学参军、房屋落成等喜事中使用。祝词和贺词在大多数场合可以互用。

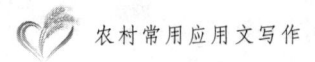

一、祝（贺）词的特点

1. 喜庆性

祝（贺）词是在喜庆的场合对祝贺对象的一种真诚的祈颂祝福和良好心愿的表达，因此喜庆性是祝词、贺词的基本特点。在措辞用语上务必体现出一种喜悦、美好之情。

2. 体裁多样性

祝（贺）词无须拘泥于某种文体，而可以根据祝贺对象的具体情况采用合适贴切的文章体裁。如既可以用一般的应用文体，也可以采用诗、词、对联等各种其他的文体样式。

二、祝（贺）词的分类

祝（贺）词从祝贺对象上看可以分为以下几类：

1. 寿诞祝（贺）词

祝贺寿诞的主要对象是老年人。在祝贺中，既赞颂他已取得的辉煌成绩，又祝愿他幸福健康长寿。

2. 事业祝（贺）词

此类祝（贺）词应用范围极广，诸如会议开幕、工程竣工、社团成立、公司开业、社团纪念等等均可贺其已取得的成就，祝其今后事业的顺利发达。

3. 婚嫁祝（贺）词

即为在结婚典礼上发表的祝贺之辞，既包括对新人的祝福、对长辈的感谢，也包括对亲朋好友的欢迎。

4. 酒宴祝（贺）词

酒宴上的祝（贺）词，是现代社会招待宾客的一种礼仪，意在向赴宴宾客表达的一种祝福和对酒宴的庆贺。

三、祝（贺）词的格式和写法

祝（贺）词通常由标题、称谓、正文、结尾四部分组成。

1. 标题

祝（贺）词的标题一般有两种形式：一种是由致辞者、致辞场合和文种共同构成，如"×××在××招待会上的祝词"。另一种是由致辞场合和文种构成，如"在×××先生和×××小姐婚礼上的祝词"。

2. 称谓

称谓写在开头顶格处。若受贺者为个人，一般要用尊称，以示亲切或敬重，如"尊敬的李林博士"；若受贺对象为单位，则写受贺单位全称。

3. 正文

正文是祝（贺）词的主体，一般由三项内容构成。

第一，交代祝贺双方的身份，以及祝贺的理由。向受贺方说明自己代表何人或何种组织向受贺方及其何项事业祝福贺喜。

第二，依据祝贺的事由对受贺方给予赞誉性评价，肯定受贺方已取得的成就。

第三，根据祝贺双方关系，或展望未来美好前景，或提出勉励要求等。

4. 结尾

祝（贺）词的结尾要另起一行，一般是表示良好的祝愿和殷切的希望。

四、祝（贺）词写作注意事项

1. 要言简意赅

祝（贺）词的篇幅不宜过长，要言简意赅，避免冗赘。同时不宜使用辩论、谴责批评等词句和语气。

2. 情感要真挚、热烈

真挚而热烈的情感，充满热情、喜悦、鼓励、希望、褒扬之意的语言，才能使人感到温暖和愉快、受到激励与鼓舞。

例文与评析

例　　文	评　　析
证婚人祝词 各位贵宾，女士们、先生们： 　　大家中午好！ 　　在这神圣而又庄严、温馨而又浪漫的美好时刻，我受×××、×××两家之邀，十分荣幸地作为身边这对新人的证婚人，与大家共同见证这桩美满的婚姻。首先，对各位嘉宾的到来，表示最热烈的欢迎和衷心的	这份证婚人祝词的标题就是"发言者＋文种"，直截了当。 　　内容上的特点是切合情境，喜庆色彩浓郁，充满对新人新生活的良好祝愿。

续表

例　文	评　析
感谢！ 新郎×××，毕业于"军中清华"国防科大，现任××公司总经理。小伙子英俊潇洒，才华横溢，少年老成，前途无量。新娘×××，加拿大在读留学生，天生丽质，如花似玉，温柔贤淑，落落大方。他们的结合，可谓才子佳人、天造地设！ 婚姻既是爱情的结果，又是爱情和生活的开始；婚姻既是相伴一生的约定，更是相依一生的责任。希望新郎新娘，婚后生活互相关心，工作上互相支持，学习上互相促进；孝敬双方父母，善待兄弟姊妹；夫唱妇随，共建幸福家庭。 现在，我建议：大家共同举杯，为这对新人的美满姻缘叫好！为他们的幸福结合欢庆！真诚祝福他们，举案齐眉、相守百年、永结同心、幸福美满！	结尾另起一行，表示良好的祝愿和殷切的希望。

思考与实践

一、某乡乡村文化建设经验总结大会将于今年 12 月 22 日在雅苑大酒店举行，请你以该酒店总经理的名义写一份祝词。

二、拥抱自己的父亲，把你创作的父亲节祝词亲手交给他，要求内容中有回忆和父亲一起相处的温馨时光，把自己想对父亲说的话，想对父亲倾诉的感情用文字表达出来，必须要用真实的往事或场景来作为抒情的铺垫，情感充沛，格式完整。

第二节　请柬与聘书

 案例导入

　　岩石村计划在本村成立关心下一代工作委员会，打算邀请村里的退休村干部和部分党员同志召开一次筹备会议，并打算聘请退休村干部兼任关心下一代工作委员会成员。你能为与会人员准备好请柬，并草拟聘书吗？

重大活动、重要会议、重要工作的落实，往往要邀请特定的与会者或聘请专业化、专职化的人员。这时，请柬与聘书就要各自发挥它们的作用了。这两种短小的文书，有着完全不同的特点和格式。学完本节的知识，你就能写出合体的请柬和聘书了。

一、请柬

请柬，又叫请帖，是单位、团体或者个人为邀请有关人员参加某项活动而发出的书面通知。多用于比较隆重的庆典活动、规模较大的会议或较为正规的筵宴。

（一）请柬的特点

1. 交际性

请柬常用于公众交往活动，以示对被邀请者的尊重与邀请者的热情。请柬与一般书信不同，即使近在咫尺，为了表示对对方的尊重，也可以呈送。有时候请柬还可以作为参与会议或活动的入场券或凭证。

2. 简明性

简而明是请柬写作的重要特点。请柬篇幅短小、内容单一明确。请柬的语言要准确、简洁、典雅、诚恳，使受邀者能够领会意图，并感受到邀请者的诚意。

（二）请柬的格式与写法

请柬一般由封面和内文组成。在封面上写明"请柬"（请帖）字样，有时也可以加上活动名称。请柬的封面要美观大方、庄重而精美。

请柬的内文一般由称谓、正文、结尾、落款四部分构成。

1. 称谓

称谓处要顶格写出被邀请者（个人或单位）的姓名，为表示尊重，个人姓名后常加上职务、职称或"先生""女士"等。如"某某先生""某某局长"等。称谓后加上冒号。

2. 正文

正文要写清活动内容、时间 、地点、方式及其他须告知事项。如开座谈会、联欢晚会、生日派对、国庆宴会、婚礼、寿诞等，主要要写明时间 、地点、方式。如果是请人看戏或其他表演还应将入场券附上。若有其他要求也需注明，如"请准备发言""请准备节目"等。

3. 结尾

请柬一般都写上礼节性问候语或恭候语作为结语，如"敬请参加""请届时光临""敬请光临"等。

4. 落款

落款为在正文的右下方署上邀请者（单位或个人）的名称和发柬日期。

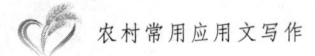 **例文与评析**

例　文	评　析
（封面） 1995—2015 纪念××小学建校 20 周年 请　柬 （内文） ×××同志： 　　为庆祝我校成立 20 周年，特定于 2015 年×月×日上午×时，在我校礼堂举行庆祝大会，届时敬请光临。 　　此致 敬礼！ 　　　　　　　　　　　　××小学 　　　　　　　　　　20××年×月×日	一般来说请柬从形式上分为横式写法和竖式写法两种。 　　此请柬为横式写法。 　　该请柬的内容完整，格式规范。 　　邀请单位署名。 　　发柬日期。

二、聘书

聘书是指机关、团体、企事业单位聘请某些有专业特长或有威望的人完成某项任务或担任某项职务时所发的邀请性质的专用书信。

（一）聘书的特点

1. 严肃性

聘书一经发出，双方都需承担相应的责任，在聘书到期之前任何一方不得随意终止。除非有特殊原因，才能以除名或辞职的方式终止。因此，聘书的制作和发送是非常严肃的事情。

2. 时限性

聘书一般都得写明聘用期限，除非是一些名誉性的兼职。长期工作聘书规定的时间可以是一年或数年；临时性的工作聘书则随工作的结束而自动终止。

3. 凭据性

聘书既是受聘者上岗的凭证，是受聘者保护自身合法权益的依据，也是用人单位衡量受聘人员的工作情况的依据之一。

（二）聘书的格式与写法

聘书一般由标题、称谓、正文、结尾和落款组成。

1. 标题

在封面上写的"聘书"二字就是标题，一般要做一些艺术加工，文字的色彩可以烫金。通常聘书已按照书信格式印制好，发文者只需填写正文而已。有的已具备单位名称，如"×××聘书"。

2. 称谓

称谓处要顶格写出被聘者的姓名，为表尊敬，姓名后可加"先生""女士"，如"某某先生"。称谓后加上冒号。

3. 正文

正文要写清聘请原因、担任职务、从事的工作和工作的对象等。有的聘书写明聘期、被聘者的工作权限，以及向被聘者提出的希望等。

4. 结尾

聘书的结尾一般写上表示敬意或祝颂的话语，如"此致，敬礼""此聘"等。

5. 落款

落款处写明聘请单位及下发聘书的日期。

例文与评析

例　文	评　析
聘书 ××同志： 　　为加强对未成年人的教育，现聘请您担任××村关心下一代工作委员会会员，希望您能够发挥余热，做好下一代的教育工作。聘期：××年×月—××年×月。 　　此致 敬礼！ 　　　　　　　　　　××村委会（公章） 　　　　　　　　　　20××年×月×日	一般来说聘书从形式上分为横式写法和竖式写法两种。内容中须有聘期，明确双方的义务和权利。 　　聘请单位署名。 　　发聘书的日期。

思考与实践

一、请根据以下内容，自己设计一份请柬。

内容：妇女节茶话会

时间：3月7日晚7：00～9：00

地点：××乡文化活动中心

拟邀请人员：各村的妇女代表

主办方：××乡政府

二、以村委会的名义拟写一份聘书，聘请本村某位能歌善舞的老年人担任村老年歌舞队队长，聘期两年，须说明聘请原因、从事的工作等内容。

第三节　慰问信与感谢信

 ## 案例导入

> 　　清沂乡今年遭遇了特大洪水灾害，村民的房屋、庄稼都受损严重，在村民束手无策之时，县委、县政府的领导及时向灾民表达了慰问，在组织领导干部捐款、捐物的同时，安排了工作组驻乡帮助村民进行生产自救。村民很快修缮了房屋，补种了农作物。
>
> 　　人有悲欢离合，月有阴晴圆缺。在我们的现实生活中，组织和个人都可能遇到困难。每当此时，我们希望向受难者送去温暖的慰问以及实际的帮助，而慰问的接受者，则会真情回谢，并奋发图强。
>
> 　　案例中，县委、县政府是慰问的发出者，清沂乡政府是对这一慰问的回谢方。书面的慰问和感谢，都要因时、因事而发，都要做到衷肠互诉、真情与共。

一、慰问信

　　慰问信是以组织或个人的名义在某一组织或个人处于特殊的情况下（如战争、自然灾害、事故），或在节假日，向对方表示问候、关心的应用文。

（一）慰问信的分类

根据慰问对象和目的的不同，慰问信可分为三种类型：

1. 表彰慰问信

表彰慰问信即对取得重大成绩或做出突出贡献的集体或个人进行慰勉的慰问信，如致抗洪救灾中表现突出的村民的慰问信。

2. 安慰慰问信

安慰慰问信即对遭受特殊困难或蒙受重大损失的集体或个人表示同情、安慰的慰问信。这类慰问信常常是针对那些遭受某类灾害和事故，如地震、暴风（雨、雪）、干旱、虫灾的集体或个人，鼓励他们战胜暂时的困难，加倍努力，以期尽早地改变现状。

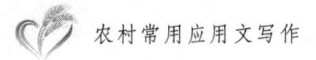

3. 节日慰问信

在某些节日、纪念日之际，上级对下级、机关单位对支援群众表达节日问候的慰问信。如重阳节来临之际，致敬老院的老人的慰问信。

（二）慰问信的格式与写法

慰问信主要由标题、称谓、正文、祝颂语以及落款五部分组成。

1. 标题

慰问信的标题主要有三种形式。

（1）单独由文种名称组成

即在首行正中写上"慰问信"三个字。

（2）由慰问对象和文种名组成

即"致（给）×××的慰问信"，如"致全体教师的慰问信"。

（3）由慰问双方和文种名称组成

即"×××致×××的慰问信"，如"××乡政府致环卫工人的慰问信"。

2. 称谓

称谓即被慰问的单位或个人的名称，要顶格书写。如标题中已写了被慰问者的名称，则称谓统称"同志们"，不必再与标题重复；如慰问的对象为个人，则应在姓名之后加上"同志""先生"等，以示尊重。

3. 正文

正文即慰问的主要内容，主要包括以下几个方面：

（1）慰问的原因和背景

简明扼要地交代慰问的原因与背景，以引领下文。

（2）事实陈述

比较全面、具体地陈述慰问对象的先进事迹、所做的贡献或遭遇的困难。

（3）结语

对于以做出贡献的集体或个人为对象的慰问信，其结语一般为表示感谢和慰问，提出希望，鼓励对方进一步发扬风格；对于以遭受困难或蒙受损失的集体或个人为对象的慰问的结语，主要是安抚劝慰，表示同情，并给予鼓励和支持；节日慰问信的结语主要是展望未来，提出新的希望。

4. 祝颂语

根据慰问信的具体内容选择合适的有针对性的祝颂语。如慰问做出贡献或遭受困难、蒙受损失的集体或个人，可用"此致敬礼""顺祝康安"等祝颂语；节日慰问可用"敬祝节日愉快、工作顺利、身体健康"之类的祝福语；也有的慰问信自然结束，不另加祝颂语。

5. 落款

落款部分包括署名和日期。慰问信的署名为慰问单位或个人的名称，如果致信的单位或个人不止一个，则要——写上。最后在署名的下一行相同的位置写明成文日期。

（三）慰问信写作的注意事项

1. 语言要亲切

慰问信要充分体现对慰问对象的关心，使其得到真正的安慰和鼓励。因此，其语言要亲切、生动且饱含深情。

2. 内容要得体

慰问信的内容根据慰问的对象来确定。对于那些承担艰巨任务、做出了巨大贡献、取得了突出成绩的慰问对象，应该侧重表扬与鼓励；对于遭遇困难或蒙受损失的慰问对象，则应该侧重表示同情、安慰和支持。

📖 例文与评析

例　　文	评　　析
致离退休干部的春节慰问信 尊敬的老同志： 　　您好！新春伊始，万象更新，值此新春佳节来临之际，××镇党委、镇人民政府向您和您的家人致以节日的问候和衷心的感谢。祝您和家人春节愉快、身体健康、阖家欢乐、万事如意！感谢您为我镇的经济发展、社会稳定和各项事业的发展做出的贡献。 　　老骥伏枥，志在千里，虽然您们已退居二线，但仍然关心着我镇各项事业的发展。全镇人民不会忘记您们为我镇做出的贡献，现在我们依然彼此牵挂，忧心在一起，关爱在一起。我们将把您们的关心和帮助化为源源不断的动力，求真务实，开拓进取，为实现我镇的美好明天而努力奋斗。最后，再次祝愿您和家人身体安康、家庭幸福！ 　　　　　　　　　　　　××镇党委 　　　　　　　　　　　　20××年×月×日	标题是由"慰问对象＋文种"组成的。 　　这封慰问信的特点是感情真挚，充满对老同志的感谢之情，结构完整，内容简明扼要。 祝颂语亲切、自然。 行文单位署名。 成文日期标准清晰。

二、感谢信

感谢信是单位或个人对帮助、支持自己工作的单位或个人表示感谢的一种专用书信，它兼有感谢和表扬的双重意思。因此，感谢信除可以送给被感谢的单位或个人，可以张贴在对方单位或与对方单位有关的公共场所以外，还可以通过报社、电台、电视台等媒介来播报。

（一）感谢信的分类

1. 按照感谢信的存在形式来分

（1）公开的感谢信

这种感谢信可在报社登报、电台广播或电视台播报，也可以公开张贴。

（2）寄单位、集体或个人的感谢信

这种感谢信直接寄给单位、集体或个人，只在一定范围内公开。

2. 按照感谢对象的不同来分

按感谢的对象分类可分为：给集体的感谢信，以及给个人的感谢信。

（二）感谢信的格式与写法

感谢信通常由标题、称谓、正文、结语和落款五部分构成。

1. 标题

感谢信的标题的有三种写法。

（1）单独由文种名称组成

在感谢信的首行正中写上"感谢信"三个字。

（2）由感谢对象和文种名称共同组成

如"致张子鸣同志的感谢信"。

（3）由感谢双方和文种名称组成的

如"赵明康全家致××社区居委会的感谢信"。

2. 称谓

顶格写被感谢的机关、单位、团体或个人的名称或姓名，并在个人姓名后面附上"同志"等称呼，然后再加上冒号。如"××交警大队："刘晓明同志："。

3. 正文

感谢信的正文从称谓下面一行空两格开始写。感谢信的正文包括以下两方面的内容：一是写感谢对方的理由，即为什么感谢；二是直接表达感谢之意。

（1）感谢理由

首先准确、具体、生动地叙述对方的帮助，交代清楚人物、时间、地点、事迹、过程、结果等基本情况；然后在叙事基础上对对方的帮助作恰当、诚恳的评价，以揭示其精神实质、肯定对方的行为。在叙述和评价的字里行间要自然渗透感激之情。

（2）表达谢意

在叙事和评论的基础上直接对对方表达感谢之意，根据情况也可在表达谢意之后表示以实际行动向对方学习的态度。

4. 结语

结语一般用"此致敬礼"或"再次表示诚挚的感谢"之类的话，也可自然结束正文，不写结语。

5. 落款

落款即署名与日期。写感谢信的单位名称或个人姓名以及写信的时间。

（三）感谢信写作的注意事项

1. 内容要真实

感谢的人物、事件必须真实，不能无中生有。同时要把被感谢的人物、事件、时间、地点以及事情的经过表述清楚。

2. 情感要真挚

感谢信的写作目的是表达感激之情，因此情感应真挚而热烈，如此才能感染读者，但又不能过分夸张，否则会给人矫揉造作之感。

3. 用语要适当

行文过程中，叙事要精练，对人物、事件的评价语言要恰当，不能不着边际地空发议论。

例文与评析

例 文	评 析
感谢信 ××扶贫办： 　在这赤日似火，酷暑难当的盛夏，你们冒着高温，在百忙的工作中带着一片深情，来到我们灾区，积极开	标题直接书写"感谢信"，字体稍大。

续表

例　文	评　析
展救灾扶贫送温暖活动，对我村灾民进行慰问。这是对我们灾区人民的关心和爱护，也是对我们村两委的鼓励和鞭策。更唤起了我们战胜洪魔，搞好生产自救的信心和决心。在这里我们村两委和全体村民向你们表示衷心的感谢和崇高敬意。 　　扶贫攻坚两年来，你们带着深厚的感情和高度的责任心，积极响应省委政府号召，心系贫困村，急我们村民所急，想为脱贫改貌所想，曾多次派人深入我们贫困村指导扶贫工作，帮助特困户找路子，想办法，创条件，千方百计地为我们走向致富，拔掉穷根辛勤地工作着、奉献着，为我们村扶贫工作立下丰功。 　　两年来，你们常为我们操劳，去年捐资为我们建校，今年又给我们小学送来了电脑，你们这种扶贫先扶智，脱贫先脱愚的做法，是直接关爱下一代成长，关心我们教育事业的真实表现。今年"7·10"洪水期间，当我们的村民受到洪灾以后，你们又像慈母般地出现在我们面前，关心着我们的生产，操劳着灾民的生活。你们在资金十分困难的情况下，仍然解囊相助，积极发动全体干部职工，捐资赞助，赈济灾民。灾后你们又顶烈日，冒高温，给我们灾区人民送来了救灾款物，向我们灾民伸出了温暖的手，奉献了一片爱心，送来了一片真情，我们永远铭记这份雪中送炭的情谊，我们再次向你们表示衷心感谢！ 　　洪水即将退去，我们村两委决心在上级党委、政府的领导下，在大家的关心和支持下，发扬自力更生、艰苦奋斗精神，带领全村人民尽快恢复水毁工程，实行生产自救，把洪水造成的损失降到最低限度，以实际行动来报答你们对我们的关爱。 　　此致 敬礼！ 　　　　　　　　　　　　××村民委员会 　　　　　　　　　　　　20××年×月×日	说明感谢原因，充满对××扶贫办的感谢之情。文字精练，评价恰当。 　　还表明打算用实际行动来向对方学习。 　　总之，这封感谢信的特点是内容完整、感情真挚。 　　行文单位署名。 　　标注行文日期。

思考与实践

一、请以村委会的名义向全体村民拟写一份新春慰问信，对全体村民在村支两委一年来的建设、治理等工作中所给予的支持和帮助表达感谢之意，以及陈述来年工作的简单计划，并致以节日问候。要求文字诚恳，格式完备。

二、请以村委会的名义写一份对××企业无偿捐资 2 万元给村希望小学的感谢信，要求在正文部分写出感谢的原因和打算用何行动来向对方表示感谢。

第四节 婚前财产协议

案例导入

> 胡某于 1997 年 6 月与李某结婚，婚后与丈夫共同创业。正当事业红火之时，双方感情出现危机并最终破裂，胡某提出离婚并要求分割夫妻共同财产。李某断然拒绝了胡某分割财产的要求，称自己不仅没有任何财产，反而欠下巨额债务。原来李某早已经擅自变更饭店、企业、房产、车辆的产权。
>
> 财产是婚姻关系中一个现实又敏感的问题。婚前财产协议不仅仅是一种简单的财产关系证明，签订婚前财产协议体现了一种互相理解和尊重的生活方式，需要实践智慧。

一、婚前财产协议的含义与特点

婚前财产协议，是指男女双方在结婚登记之前就双方各自婚前、婚后所得财产的归属所作的约定。《中华人民共和国婚姻法》（以下简称《婚姻法》）第 19 条规定，夫妻可以约定婚后所得的财产以及婚前所得的财产归各自所有、共同所有或部分各自所有、部分共同所有。婚前财产协议具有如下特点：

1. 婚前财产协议的生效以登记结婚为前提

若协议签订后，双方因故没有办理结婚登记手续而分手了，则该协议会因生效条件未具备而自动归于无效。

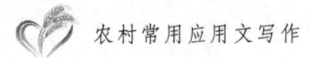

2. 婚前财产协议以双方当事人平等自愿为基础

订立婚前财产协议必须出于双方自愿，任何一方均不能对另一方采取隐瞒、欺诈、胁迫的方式，也不能乘人之危。基于不真实的意思表示而订立的协议是无效的。

3. 婚前财产协议原则上要求采用书面形式

《婚姻法》第19条明确规定，婚姻财产约定应当以书面形式约定，没有约定或约定不明确的，根据法律确定婚后财产的归属。口头协议只有特定条件下才有效。

二、婚前财产协议的基本要素

婚前财产协议既有协议的共性，也有其特殊性。婚前财产协议通常应该包括以下内容：

第一，当事人的姓名、性别、职业、住址等基本情况；

第二，婚前财产（含债权与债务）的名称、数量、种类、价值、状况等；

第三，上述婚前财产的权利归属，男女双方各自的婚前财产权利归属于哪一方，如何使用等；

第四，婚前财产婚后的收益归属；

第五，婚前财产婚后处分行为产生的收益归属；

第六，婚前财产的使用、维修、处分的原则；

第七，其他应约定的事项，如对婚前债务如何清偿的约定等；

第八，协议生效的条件、时间等；

第九，男女双方签字；

第十，协议签订时间。

三、婚前财产协议的写作注意事项

订立婚前财产协议时，除了要基于双方自愿、协议内容必须合法等基本要求外，尤其要注意以下几点：

1. 意思表示明确

婚前财产协议的意思表示明确主要表现为三个方面：

一是要明确婚前财产的范围。一般包括男女双方婚前的存款、房产、车子以及其他贵重物品等。

二是明确婚前财产婚后共享的比例。双方在婚后可以共享的财产内容以及共享的比例应该清楚明确。若只是表述为"婚前某项财产婚后共有"，法律上的理解应是每人一半。

三是明确财产状况。实践中，由于财产状况描述不明确最终导致协议约定不明而不予确认的案例不在少数。比如房产的描述，只写"某某小区的房屋归双方共同所有"是不明确的。正确的描述应该是"坐落于某市（县）××街××号房产由双方共有"。

2. 条件设定要明确

如果没有特别约定，协议一般是结婚登记后生效。在大多数情况下，签订协议时都会写"本协议自双方签字时生效"。

3. 体例表述要规范

婚前财产协议应当采用书面形式。格式上要符合协议的基本要求，文字表达尽量使用法言法语。

例文与评析

例 文	评 析
婚前财产协议（范本） 男方：_____，男，____族，____年____月____日生，住 _____，身份证号码：_____ 女方：_____，女，____族，____年____月____日生，住 _____，身份证号码：_____ 男女双方经自由恋爱相识，并准备依据《中华人民共和国婚姻法》之规定结为夫妻。为明确双方婚前及婚后财产的归属，债权、债务的享有与承担，以及其他财产性权益归属及责任的承担，以保障婚后生活的和睦相处、恩爱互助，经双方平等协商，自愿达成以下协议： 一、婚前财产的范围及归属 男方的婚前财产有： 1. 位于_____的房屋； 2. 于_____银行的存款，此款项若用于婚后共	标题和当事人基本信息是协议的基本要素。在约定具体权利义务之前，交代订立协议的背景，表明协议是平等协商的结果，符合自愿原则。 婚前主要财产的范围和归属交代明确，有利于划定双方的权利界限，减少争议。

续表

例　文	评　析
同生活，应予以返还； 　　3. 于_____证券交易所的股票； 　　4. 债权、基金等其他财产性权利； 　　5. 牌号为_____的车；女方的婚前财产有_____； 　　…… 　　二、婚前、婚后财产的范围及归属 　　1. 上述婚前财产归各自所有； 　　2. 婚后财产的各自收入所得归各自所有； 　　3. 婚后来源于各方亲属的赠与、继承所得，不论是否明确归哪一方所有，均根据来源归各自所有； 　　4. 婚前由一方购买，婚后继续由双方共同供款还贷的物业，该物业产权已署一方名字的，不再增加另一方名字，同时根据双方投资比例享有该物业，即婚前投资部分由_____方享有，婚后共同供款还贷部分，按每人承担比例享有该物业。 　　三、债权、债务的享有与承担： 　　1. 婚前各方名下的债权、债务归各方享有与承担； 　　2. 婚后因婚姻生活产生的债务由双方共同承担； 　　3. 婚后因各方名下的投资，不论所得是否用于婚姻生活，所产生的债权、债务均由各自承担。 　　四、共同生活基金的设立 　　由于双方的婚前、婚后财产所得主要归各自所有，为保障婚姻生活的和顺进行、应付日常生活开支及小孩抚养费用的需要，同时考虑到_____方的收入高于_____方，双方一致同意：男方出资_____万元，女方出资_____万元，作为日常生活基金。此基金由_____方管理，生活及抚养费开支从基金中支付，不足时按_____的比例填补。 　　五、本协议自双方办理结婚登记之日起开始生效。 男方：　　　　　　　　　　女方： _____年___月___日　　　_____年___月___日	重点明确婚后主要的财产的具体归属。尤其对婚后收入、物业以及其他所得的约定很清晰。 　　双方约定了其他相关权利义务，体现了权利义务相一致的原则。 　　共同生活基金的约定符合现实，同时也考虑到了双方实际收入水平，合情合理。

思考与实践

　　本节的导入案例中，由于双方没有签订婚前财产协议，因此只能按照法定的夫妻共同财产原则来处理。当然，由于在诉讼期间擅自变更饭店、企业、房产、车辆的产权，对于这一部分共同财产，李某可以少分或不分。这也从另一角度反映出婚前财产协议对于夫妻双方的意义。

　　虽然婚前财产协议的主要内容在于约定婚前和婚后财产的处置，但协议还可以约定其他内容。生活方面，双方可以约定平时生活费用的支出比例。子女方面，双方可以约定未来子女教育费用的承担比例。债权债务方面，双方可以约定未来可能出现债权债务的处理方案。同时，如果一方因为结婚愿意赠与另一方一定数额的财产，也可以将这种赠与关系约定在婚前协议中。

　　请根据婚前财产协议的写作要求，参照范本，结合导入案例的案情，为结婚之前的胡某拟写一份婚前财产协议。

第五节　离婚协议

 案例导入

　　张先生和李小姐于 2006 年 11 月 8 日结婚，婚后感情不和。2009 年 12 月 30 日，双方签订离婚协议书一份，主要内容是：双方离婚；婚生子由女方抚养，男方不承担抚养费；商品房 1 套归男方所有，自 2010 年 1 月至 2012 年 12 月，女方每月给男方 1000元；等等。但是双方直到 2011 年 3 月一直没有办理离婚登记手续。张先生咨询律师如果女方起诉离婚，法院能否按照离婚协议书对双方财产及子女进行相应判决。

　　协议离婚是一种"好聚好散"的合理选择。但当事人不能只一味追求离婚的结果，也要妥善处理好子女抚养和财产分割问题，避免遗留问题。

一、离婚协议的含义与特点

　　离婚协议是双方当事人自愿解除婚姻关系，以及对子女抚养、财产及债务处理等事项协商一致而达成的协议或者意见。离婚协议书是离婚协议的书面形式。根据法律规定,"双方当事人共同签署的离婚协议书"是办理协议离婚登记的必备材料,法律上不承认口头离婚协议。离婚协议具有如下特点:

其一,夫妻双方的意思表示是真实的;

其二,协议必须经过相关国家机关的认可才生效;

其三,协议必须包括双方离婚的意愿,并且妥善处理小孩抚养权及抚养费问题,否则协议无效;

其四,协议具有人身性质,不得由他人代理签订,否则无效。

二、离婚协议书的基本要素

离婚协议书是一种特殊的协议,既有协议的共性,也有其特殊性。离婚协议通常应该包括以下内容:

第一,当事人的姓名、性别、职业、住址等基本情况;

第二,一致同意解除婚姻关系的意思表示;

第三,小孩抚养权归属;

第四,小孩抚养费,经济帮助及精神赔偿,包括数额和支付方式等;

第五,小孩探视权以及相应的协助义务;

第六,财产分割,包括共同债权、债务的享有和清偿责任;

第七,住房问题的解决方案;

第八,其他约定;

第九,违约责任;

第十,男女双方签字和协议签订时间。

三、离婚协议书的写作注意事项

根据法律规定,离婚协议书须经婚姻登记管理部门(民政部门)或法庭认可,才具有法定效力。民政部门通常会提供协议范本,并要求注意以下事项:

首先,意思表示符合规范。双方明确表示自愿离婚;协议内容为双方自愿达成;有对子女抚养、财产和债务的一致处理意见。

其次,协议内容合法有效。协议内容不得违反法律规定;不得侵犯第三人合法权益;不得剥夺或者限制一方合法权利。

再次,协议形式符合要求。须使用 A4 纸张、蓝黑墨水笔或者黑色签字笔书写或打印;提交一式三份离婚协议书并在婚姻登记员面前签名;协议内容应当清晰可辨,不得涂改。

📖 例文与评析

例 文	评 析
离婚协议书（范本） 　　男方：_____，男，____族，____年____月____日生，住 _____，身份证号码：_____ 　　女方：_____，女，____族，____年____月____日生，住 _____，身份证号码：_____ 　　男方与女方于____年____月认识，于____年____月____日在_____登记结婚，婚后于____年____月____日生育一女儿，名_____。因_____致使夫妻感情确已破裂，已无和好可能，现经夫妻双方自愿协商达成一致意见，订立离婚协议如下： 　　一、男女双方自愿离婚 　　二、子女抚养、抚养费及探望权 　　女儿_____由女方抚养，随同女方生活，抚养费由男方全部负责，男方应于____年____月____日前一次性支付_____元给女方作为女儿的抚养费（男方每月支付抚养费_____元，男方应于每月____日前将女儿的抚养费交到女方手中或指定的_____银行账号：_____）。在不影响孩子学习、生活的情况下，男方可探望女方抚养的孩子。（男方每月可探望女儿____次或带女儿外出游玩，但应提前通知女方，女方应保证男方每月探望的时间不少于____天。） 　　三、夫妻共同财产的处理 　　（一）存款：双方名下现有银行存款共_____元，双方各分一半，为_____元。分配方式：各自名下的存款保持不变，但男方/女方应于____年____月____日前一次性支付_____元给女方/男方。 　　（二）房屋：夫妻共同所有的位于_____的房地产	标题和当事人基本信息是协议的基本要素。交代离婚协议的背景，表明符合协议离婚的条件。 　　子女抚养问题是协议离婚的核心问题。本协议对此作了明确具体的约定，并对抚养费的支付和探望权的行使作了约定，有可操作性。

续表

例　文	评　析
所有权归女方所有，房地产权证的业主姓名变更的手续自离婚后一个月内办理，男方必须协助女方办理变更的一切手续，过户费用由女方负责。女方应于____年____月____日前一次性补偿房屋差价_____元给男方。	
（三）其他财产：婚前双方各自的财产归各自所有，男女双方各自的私人生活用品及首饰归各自所有（附清单）。	共同财产的处理是协议离婚的必备内容，本协议对主要财产约定明确。
四、债务的处理	
双方确认在婚姻关系存续期间没有发生任何共同债务，任何一方如对外负有债务的，由负债方自行承担。（____方于____年____月____日向_____所借债务由_____方自行承担……）	
五、一方隐瞒或转移夫妻共同财产的责任	
双方确认夫妻共同财产在上述第三条中已列举明确。除上述房屋、家具、家电及银行存款外，并无其他财产，任何一方应保证以上所列婚内全部共同财产的真实性。	协议还对债务问题进行约定，这是很有必要的。现实生活中，共同债务的处理是比较麻烦的，尤其在共同债务的真实性方面需要慎重考虑。
本协议书财产分割基于上列财产为基础。任何一方不得隐瞒、虚报、转移婚内共同财产或婚前财产。如任何一方有隐瞒、虚报除上述所列财产外的财产，或在签订本协议之前两年内有转移、抽逃财产的，另一方发现后有权取得对方所隐瞒、虚报、转移的财产的全部份额，并追究其隐瞒、虚报、转移财产的法律责任，虚报、转移、隐瞒方无权分割该财产。	
六、经济帮助及精神损害赔偿	
因女方生活困难，男方同意一次性支付补偿经济帮助金给女方。鉴于男方要求离婚的原因，男方应一次性补偿女方精神损害费_____元。上述男方应支付的款项，均应于____年____月____日前支付完毕。	本协议还明确了经济帮助和精神损害赔偿问题。
七、违约责任的约定	
任何一方不按本协议约定期限履行支付款项义务的，	

续表

例　文	评　析
应付违约金_____元给对方。 　　八、协议生效时间的约定 　　本协议一式三份，自婚姻登记机颁发离婚证之日起生效，男、女双方各执一份，婚姻登记机关存档一份。 　　九、如本协议生效后在执行中发生争议的，双方应协商解决，协商不成，任何一方均可向×××人民法院起诉。 男方：　　　　　　　　女方： _____年___月___日　　_____年___月___日	

 思考与实践

　　本节的导入案例中，由于双方未能在婚姻登记机关协议离婚，该协议并没有生效，对男、女均不产生法律约束力，其约定不能作为人民法院处理离婚案件的直接依据。双方仍可以去民政部门办理协议离婚手续或者去人民法院起诉离婚。

　　协议离婚要求双方本人到婚姻登记机关办理离婚登记手续。实践中，去民政局协议离婚要带的材料有：身份证、户口本、结婚证和离婚协议书。

　　请根据离婚协议书的写作要求，参照范本，结合导入案例的案情，为张先生拟写一份离婚协议书。

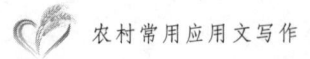

第六节　讣告与悼词

 案例导入

> 　　大江村原任村支书刘亦凡同志于 2015 年 6 月 2 日去世，享年 80 岁，曾连任村支书 8 年，为村民干了不少实事好事。其追悼会定于 2015 年 6 月 4 日召开。现请你为此事撰写讣告、悼词各一份，该如何行文呢？
>
> 　　慎终追远，重视丧葬是中国传统习俗。讣告、悼词是用于丧葬的文书，前者用于告知逝者亲友丧葬事宜，后者用以追忆逝者的生平事迹，表示哀悼和缅怀。

一、讣告

讣告又称"讣闻""讣文"，即机关、单位、个人，把某人去世的不幸消息向死者的亲戚、朋友发出的通告性文书。

（一）讣告的分类

目前，通行的讣告有以下三种。

1. 一般式讣告

这种讣告是人们日常生活中常见的讣告。普通公民去世时，用这类讣告发布消息。

2. 公告式讣告

这种讣告是我国当前最隆重、最庄严的讣告形式。根据死者的职务、身份由党和国家机关或一定级别的团体作出决定发出，以示隆重。

3. 新闻报道式讣告

这种讣告作为一则消息在媒体上公布，旨在让社会各界人士知道。这种讣告的内容和形式都很简单。

（二）讣告的格式与写法

讣告通常由标题、正文、落款三部分组成。

1. 标题

在首行居中位置写"讣告"两字，或冠以逝者名字"×××讣告"，讣告标题一般要字体略大于正文字体。

2. 正文

讣告正文一般由三项内容构成。

第一，逝者姓名、身份、民族、因何逝世、逝世的日期、地点、终年岁数。

第二，逝者生平。主要写其生前重要事迹、具有代表性的经历。

第三，吊唁、开追悼会的时间、地点。

3. 落款

写明发讣告的个人、团体名称及发讣告的时间。

（三）讣告写作注意事项

首先，语言要简明、严肃、庄重。为了表示对逝者的尊重，行文语气须严肃、庄重；为了让人一目了然，其用语必须简洁明确。

其次，写讣告只能用黄、白两种纸。一般情况，长辈之丧用白色纸，幼辈之丧用黄色纸。"讣告"二字必须使用黑色，四周加黑框，以示哀悼。

📖 例文与评析

例　文	评　析
讣告 先母×××于公元××××年××月××日在××村病故，享年九十岁。兹定于××月××日×午×时，在××火葬场火化，并举行追悼会。谨此讣告。 　　　　　　　　　×××哀告 　　　　　　××××年××月××日	此讣告的特点是语言简明、严肃、庄重，非常简练地交代了讣告对象的姓名、身份、死因、去世具体日期和地点。

二、悼词

悼词也可以写作悼辞，是对死者表示哀悼的文章。它有广义和狭义之分。广义的悼词指向死者表示哀悼、缅怀与敬意的一切形式的悼念性文章，狭义的悼词专指在追悼大会上对死者表示敬意与哀思的宣读式的专用哀悼文章。

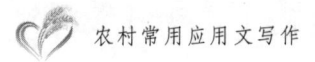

（一）悼词的分类

悼词可按用途或表现手法分类。

1. 按照用途划分

（1）宣读体悼词

这种悼词专用于追悼大会，由具有一定身份的人进行宣读。悼词表达出全体在场的人对死者的敬意与哀思，同时勉励群众化悲痛为力量。宣读体悼词以记叙或议论死者的生平功绩为主，而不以个人抒情为主。另外，宣读体悼词受追悼大会本身的时间、地点、条件的限制，在形式上相对来说也较为固定。

（2）艺术散文类悼词

这类悼词内容广泛，包括所有的向死者表示哀悼、缅怀与敬意的情文并茂的文章，大都发表在报刊杂志上。这种文章通过对死者过去的事情的回忆，展现死者的品质和精神，虽旨在怀念，但却落脚在死者的精神对活着的人的鼓舞和激励上。

2. 按照表现手法划分

（1）记叙类悼词

这类悼词以记叙死者的生平业绩为主，并适当地结合抒情或议论。用朴实的记叙表达对死者的哀悼和怀念之情。

（2）议论类悼词

这类悼词是以议论为主，抒情、叙事为辅。这类悼词重在评价死者对社会的贡献，常与现实生活紧密结合，是社会意义较强的一种哀悼文章。

（3）抒情类悼词

这类悼词以抒发对死者的悼念之情为主，并适当地结合叙事或议论。抒情类悼词经常以抒情散文的形式出现，文学色彩浓厚，能在情感上打动人。它与一般抒情散文的不同在于悼的情感不同于普通的情感，它崇高而真挚，质朴而自然。

（二）悼词的特点

1. 内容的总结性

悼词重在总结死者生平业绩，肯定其一生的贡献。是一种具有高度思想性和现实性的文体，人们不仅以此寄托哀思，而且通过展现死者的业绩激励活着的人。

2. 表现形式和手法的多样性

悼词既可以写成记叙文或议论文，又可以写成优秀的抒情散文；既能以叙事为主，也能以议论为主，还可以抒情为主；同时既有供宣读的形式，又有书面形式。

3. 用语的积极性

悼词虽是对逝者表示哀悼的文章，但情感基调是昂扬健康的，它应该排除一切感伤主义、悲观主义、虚无主义等消极内容。它不是面向过去，而是面向现在和将来。

（三）悼词的格式与写法

悼词一般由标题、正文和落款三部分构成。

1. 标题

标题的组成方式有两种情况。一种是直接由文种名称作为标题，如"悼词"。另一种由死者姓名和文种名共同构成，如"罗曼·罗兰悼词"。

2. 正文

悼词的正文通常由开头、主体、结尾三部分构成。

（1）开头

开头要用庄重的语气写出所悼念的逝者的姓名、职务、称呼，以示对逝者的尊重。有的还在姓名前加简要的评述性的语言。接着简要地概述死者何年、何月、何日、何时、何原因与世长辞，以及所享年龄等。

（2）主体

主体部分承接开头、缅怀死者。该部分主要由两方面内容组成。一是介绍死者的生平事迹，即对死者的生平、业绩进行集中介绍，应突出死者对他人、对社会的贡献。二是对死者的思想、精神、作风、品质、修养等做出综合的评价，介绍其对他人和社会产生的积极影响，如鼓舞、激励了青年人，为后人树立了榜样等。该部分的介绍可先概括地说，再具体介绍；也可先具体地介绍，再概括地总结。

（3）结尾

结尾主要写明生者对死者的哀悼之情，及如何向死者学习，继承其未竟的事业，化悲痛为力量，为社会做出更大的贡献等内容。最后要写上"永垂不朽""精神长存"或"安息吧"之类的话。

3. 落款

悼词一般在开头就已介绍了参加追悼会的人员情况，所以悼词的最后落款一般署上成文的日期即可。

（四）悼词写作注意事项

1. 评价要合理

明确写悼词的目的是介绍死者的生平事迹，歌颂死者的生前功绩，让人

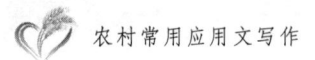

们从中学习死者好的思想作风，继承死者的遗志。但是这种歌颂是严肃的，不夸大、不粉饰，要根据事实，做出合理的评价。

2. 语言要简朴

悼词的语言要简洁、朴素、严肃，概括性强。

例文与评析

例　文	评　析
悼词 尊敬的各位长辈、各位亲朋好友： 今天，高山低头，长河让路，苍天流泪。 我慈祥善良的母亲——×××，因年老疾病，经多方治疗无效，不幸于20××年1月8日凌晨二时，带着对儿女亲情的无限牵挂，带着对父老乡亲的深切留念永远离开了我们，享年70岁。 此刻，我们怀着万分悲痛的心情，前来为我的母亲送行。首先，我代表我的父亲，代表我的兄弟姐妹，代表我们全家向各位表达我们内心最诚挚的谢意！感谢你们在百忙之中冒着严寒，不辞辛劳地来到这里与我们共同分担这份悲伤！感谢大家这么多年来对我们全家的帮助、照顾和关心！在母亲住院病重期间，父老乡亲、家门亲戚、左邻右舍等一次又一次地前来探望、慰问，给了母亲莫大的安慰！作为家属，我们心存感激。母亲去世后，村支两委也派代表前来凭吊。在此，我们再一次由衷地表示感谢！ 叫一声我的母亲，一生您最辛劳。母亲一生勤劳善良。我们的每一步成长，身后总有母亲辛劳的背影。1951年开始，我们兄妹七个先后出生在一个艰苦的年代，为了九口之家的衣食住行，油盐柴米，您历尽千辛万苦，一年365天，您总是起早贪黑，不分日夜做工分，凭着一双勤劳的双手支撑着我们这个家，养育着我们。您舍不得穿，要让我们穿整齐；您舍不得用，把每一分钱都用在我们身上。我们各自成家立业后，您生怕额外增添儿女的半点负担，还是闲不住每一天操持	标题直接书写"悼词"。 开头部分对参加追悼会的长辈、亲友表达感谢。 正文部分首先介绍死者的生平事迹，即对死者的生平业绩进行集中介绍。

续表

例　文	评　析
家务。娘啊娘！您老人家一生为了我们儿女长大成人，吃的是草，奉献给我们的是奶和血，您是我们登天的梯，您是我们拉车的牛，您老人家一生付出的心血和代价太多太多了…… 　　叫一声我的娘，一生您最慈善。您几十年如一日，早起晚睡，缝缝补补，洗洗涮涮，辛勤地为全家操劳，从无怨言。您与乡里乡亲、左邻右舍总是和睦相处，您宽宏大量，宽人严己，无论年长年幼，个个尊敬。在您去世的头一天，您还对我说，"不要忘记了帮助过你的人，要感恩；不要忘记了需要你帮助的人，要行善积德。"对待子女，总是严格要求，儿女子孙都是您的心头肉，为愿个个有出息。在重病缠身反复发作，忍受痛苦折磨的三年中，您从来没有想到要离开我们，顽强地与病魔做斗争。再苦的药也吃，再难受的检查也做，主动积极地配合治疗，就是希望自己的病能好起来，能继续为父亲、为子女操劳。"慈母手中线，游子身上衣"，一针一线慈母泪，一枝一叶总关情。妈妈，您对我们的养育之恩，恩重如山；您对我们的言传身教，铭记在心。 　　叫一声我的妈，一生您最贤良。您把儿媳当作女儿一样，三个儿媳与您相处最和睦，从未红过脸，互敬互谅，爱惜她们。您含辛茹苦为我们洒尽心血，任劳任怨，操劳一生，功比山高，恩比海深。 　　"百年修得共枕眠"。妈妈，您与父亲结婚50多年来，有难同当，互相关心，彼此照顾，对父亲的照顾无微不至。您在病重期间，依然牵挂着父亲的饮食起居，父亲也一直陪伴您1 000多个日日夜夜。今天，您走在了父亲的前头，最放心不下的，也许仍然还是父亲。 　　世上只有妈妈好，没妈的孩子像根草。妈妈，您就这样丢下我们走了，走的很远很远……从今往后，我们在这个世上就成了没有妈妈的草了啊！我们再也得不到您无私的母爱；再也看不到您慈祥的笑脸；再也牵不到您温暖的双手！ 　　花落逢春可再开。妈妈啊，您这一去就永远不再回来！您叫我们如何舍得啊！我们再多的泪水也留不住	正文突出了死者对家人、对社会的贡献。 　　正文还对死者的思想、精神、作风、品质、修养等作出综合的评价，介绍死者对他人和社会产生的积极影响。体现了对死者的哀悼之情。

续表

例 文	评 析
您，我们再多的呼唤也喊不醒您！安息吧，妈妈！您这一去永无消息！您要知道啊，儿女们时刻都会想念您！您要是寂寞了，就幻化成天上的一颗星星，我们就会知道，那是您思念我们的一滴泪水！我们就会把流泪的星星温暖在心里！ 　　生如春花之绚烂，逝如秋叶之静美。敬爱的母亲，逝去的是您衰竭的躯体，升华的是您永恒的灵魂！亲爱的妈妈，若有来世，我们还要做您的儿女，用我们的寸草之心，回报您的三春阳晖！ 　　我们一定铭记您生前的教诲，老老实实做人，堂堂正正做事，照顾好父亲的晚年生活，搞好兄妹关系，尊老爱幼，团结邻里，教育和培养好自己的子女，以实际行动来报答您老人家的养育之恩，以优秀的业绩来告慰您老人家的在天之灵！ 　　愿母亲一路走好，安息千古。 　　　　　　　　　　爱您的儿子，泣上 　　　　　　　　　　20××年×月×日	该悼词结构完整，感情充沛，语言严肃、庄重。

思考与实践

　　请以村党委、行政的名义拟写一份曾经担任村长的老同志不幸因病去世的悼词，要求内容上由两方面组成。一是介绍死者的生平事迹，应突出死者对他人、对本村所做的贡献。二是对死者的思想、精神、作风、品质、修养等做出综合的评价，介绍其对他人和本村所产生的积极影响。此外，格式须完整。

附录 1

民间传统应用文范例

1. 投师帖

立投师帖人×××今奉父命投拜。

师父×××，弟子×××，学习××技艺。双方协定学习时间×年，学习费用×元，进师时交付一半，出师时交付一半。其费用包含食宿所需。第一年学徒工资由师父自愿给付，第二年至第×年的学徒工资为收入的百分之×或每月×元。拜师之日起，为师者应将所有技艺传与徒弟。学徒者，应谨记师训，虚心学习，不得骄傲懒惰。如有违师言者，由师责罚。

共同遵守以上所述，今敬以此帖特付师为据。

立字人：×××　×××

到场人：×××

20××年×月×日立

2. 分关字

为父×××所生二子今均已教读完娶，今我年事已高，难以继续料理家事，特请当地政府和亲友到场，将家中房屋及家具什物均作两股平分。我两老日常膳食衣物由两儿平均负担，口粮××担，零用人情钱××元，按月交付。死后丧葬亦由两儿共同负责。此字至公至平，虽分家各自立户，亦勿伤手足之情，永敦雍睦之风。今特立此字付兄弟俩为据。

物产明细：（此处略）

立分关字人：父：×××

长子：×××　次子：×××

证人（到场人）：×××　×××

20××年×月×日立

3. 出继文、过嗣文

立券人×××因兄弟缺嗣无子，宗桃失续，经亲族议妥，愿将×子×××出继承桃，立嗣为后。成家立业、养老送终、继承家业，系各自情愿，永无反悔，恐后无凭，立字为证。

担保人：×××

出继人：×××

出继人父母：×××　×××

继养人父母：×××　×××

20××年×月×日立

立券人×××因年老体衰，无子承祧基业，经亲族议妥，愿将×××兄弟之子×××过继为己子，立嗣为后。抚育成人、继承家业、养老送终，情系自愿，绝不反悔。

担保人：×××

出继人：×××

出继人父母：×××　×××

继养人父母：×××　×××

20××年×月×日立

4. 招婿入赘文

兹有×××与×××经人介绍一见钟情，自愿结为金玉良伴，征得双方父母同意，男方×××愿入赘到女方组织家庭，承祧女方祖业，授权分担家务、应酬、世事，和睦邻里，情交戚友，夫妻双方孝敬老人，百年后养老送终，此系情愿，永不反悔，立字为据。

证人：×××

女方父母：×××　×××

男方父母：×××　×××

20××年×月×日立

5. 常用对联

(1) 春联

鼠年春联

黄莺鸣翠柳	春风拂绿柳
金鼠恋苍松	灵鼠跳松青
苍松随岁古	子夜松涛劲
子鼠与年新	鼠年鹊语香
灵鼠迎春春色好	年画喜人鼠嫁女
金鸡报晓晓光新	红梅傲雪鹊鸣春

万千禽兽尊为子　　　　　　银花万簇迎金鼠
十二生肖独占先　　　　　　火树千株展玉龙

甲第连云欣发展　　　　　　一日时辰子为首
子年遍地祝丰收　　　　　　十二生肖鼠占头

莺歌燕舞春添喜　　　　　　子年大有山河壮
豕去鼠来景焕新　　　　　　甲岁丰盈日月新

牛年春联

莺舞池边柳　　　　　　　　布谷迎春叫
牛耕陌上春　　　　　　　　牵牛接福来

黄牛耕绿野　　　　　　　　牛铃飘翠岭
猛虎啸青山　　　　　　　　燕语暖春风

红梅傲雪千门福　　　　　　碧桃无意随春水
碧野放牛五谷丰　　　　　　黄犊有情鼓绿涛

牛耕沃野千山笑　　　　　　黄土田间牛作画
雪映红梅小院香　　　　　　紫薇春苑燕吟诗

鼠去牛来闻虎啸　　　　　　为民当效黄牛力
民殷国富盼龙飞　　　　　　报国常怀赤子心

新春喜作黄牛颂　　　　　　布谷声中闲人少
旭日高悬致富门　　　　　　牧歌曲里颂春多

年丰人寿家家乐　　　　　　喜鹊登梅百族迎佳节
春到花开处处耕　　　　　　金牛献瑞万里笑春风

虎年春联

春风浩荡神州绿　　　　　　憨厚忠诚牛品德
虎气升腾岳麓雄　　　　　　高安奋勇虎精神

虎添双翼前程远　　　　　　虎啸一声山海动
国展宏图事业新　　　　　　龙腾三界吉祥来

虎跃神州千业旺　　　　　　黄牛虽去精神在
春临盛世万民欢　　　　　　猛虎初来气象新

春风浩荡花香鸟语　　　　　栽竹栽松竹隐凤凰松隐鹤
岁月峥嵘虎跃龙腾　　　　　培山培水山藏虎豹水藏龙

虎跃龙腾华夏人民多俊杰
莺歌燕舞阳春山水尽朝晖

兔年春联

玉兔蟾宫笑　　　　　　　　红梅迎雪放
红梅五岭香　　　　　　　　玉兔踏春来

金鸡争唱晓　　　　　　　　喜兔年初露春色
玉兔喜迎春　　　　　　　　继虎岁大展宏图

虎去雄风镇五岳　　　　　　玉户临风迎兔入
兔生瑞气秀三春　　　　　　高楼揽月接春来

月里嫦娥舒袖舞
人间玉兔报春来

龙年春联

百尺高梧栖彩凤　　　　　　无边春色来天地
万川汇海起蛟龙　　　　　　有志金龙越古今

蛟龙腾海风雷激　　　　　　国富民殷龙献瑞
莺燕闹春杨柳青　　　　　　年丰物阜凤还巢

华堂戏燕春风暖　　　　　　华夏扬威惊世界
盛世腾龙国色娇　　　　　　巨龙昂首恃风雷

龙腾云海国昌盛　　　　　　龙腾虎跃光明地
春满人间民泰安　　　　　　海晏河清锦绣天

龙步青云酬壮志
鹏飞碧宇览神州

蛇年春联

金蛇狂舞春添彩　　　　　　蛇吐宝珠辞旧岁
紫燕翻飞柳泛青　　　　　　燕衔柳叶贺新春

笔走龙蛇资雅韵　　　　　　春意盎然蛇起舞
诗题福寿贺新春　　　　　　民情振奋燕翻飞

金山水漫双蛇舞　　　　　　龙腾九域千年喜
绿野春归百鸟鸣　　　　　　蛇舞三春万象新

龙凤呈祥招财进宝　　　　　海晏河清龟蛇献寿
龟蛇献瑞纳福迎春　　　　　风和日丽桃李争春

马年春联

迎春燕语巧　　　　　　　　凯歌送旧岁
踏雪马蹄香　　　　　　　　骏马迎新春

万马奔腾日　　　　　　　　扬鞭催骏马
九州幸福春　　　　　　　　把酒会春风

十分春色辉天地　　　　　　一代英豪图伟业
万马蹄花入画图　　　　　　九州骏马踏雄风

大鹏展翅青云路　　　　　　门前春色迎人笑
骏马奔驰浩荡春　　　　　　路上蹄花映眼新

大道扬鞭驰骏马　　　　　　马奔大道风生响
高天阔地展雄才　　　　　　春到农家雪吐芳

羊年春联

三阳开泰日　　　　　　　　马蹄腾瑞雪
万事亨通年　　　　　　　　羊角触红梅

三羊生瑞气　　　　　　　　万树争荣添翠色
百鸟唤春光　　　　　　　　五羊献瑞报佳音

马首关情吟妙句　　　　　　五羊衔穗年丰稔
羊毫随意绘新图　　　　　　双燕迎春岁吉祥

金凤呈祥人得意　　　　　　岁界新春人福寿
玉羊衔瑞事称心　　　　　　羊衔金穗业丰收

猴年春联

百业农为本　　　　　　　　申年梅献瑞
万灵猴占先　　　　　　　　猴岁雪兆丰

羊舞丰收岁　　　　　　　　银树呈祥花果硕
猴吟锦绣春　　　　　　　　金猴献瑞国民殷

金猴玉兔弄春色　　　　　　紫燕展翅腾柳浪
紫燕黄莺弹妙音　　　　　　金猴攀岩上春山

金猴献瑞财源广
紫燕迎春生意隆

鸡年春联

鸡声窗前月　　　　　　　　喜鹊登枝迎新岁
人笑福里春　　　　　　　　金鸡起舞报福音

红日升空辉大道　　　　　　把酒当歌歌盛世
金鸡报晓促长征　　　　　　闻鸡起舞舞新春

雄鸡喜唱升平日　　　　　　丹凤来仪春回大地
志士欢歌改革年　　　　　　金鸡报晓福满人间

猴岁呈祥长空五光十色　　　神猴辞岁保驾护航奔富路
鸡年纳福大地万紫千红　　　金凤迎春昂头振翼唱东风

狗年春联

金鸡交好卷　　　　　　　　犬守平安日
黄犬送佳音　　　　　　　　梅开如意春

国富民强缘改革　　　　　　鸡鸣晓日江山丽
鸡鸣犬吠报升平　　　　　　犬吠神州岁月新

金鸡唤出扶桑日　　　　　　雄鸡唱罢九州乐
锦犬迎来大地春　　　　　　金犬吠来四海安

鸡声笛韵祥云灿
犬迹梅花瑞雪飞

猪年春联

国泰民安戌岁乐　　　　　　戌年引导小康路
粮丰财茂亥春兴　　　　　　亥岁迎来锦绣春

骚人乐撰新春对　　　　　　衣丰食足戌年乐
墨客欣书亥岁联　　　　　　国泰民安亥岁联

迎新春应赞猪为宝　　　　　昨夕犬年欢歌迎大地
辞旧岁莫忘犬看家　　　　　今朝猪岁新景满神州

（2）婚嫁对联

恋爱心已合	兰芝茂千载
结婚情更浓	琴瑟乐百年
祥云绕屋宇	薄酒淡茶迎贵客
喜气盈门庭	深情厚意结良缘
百年恩爱双心结	红妆带绾同心结
千里姻缘一线牵	碧树花开并蒂莲
梧桐枝上栖双凤	结良缘百年好合
菡萏花间立并鸳	成佳偶地久天长
红梅吐芳喜成连理	白首齐眉鸳鸯比翼
绿柳含笑永结同心	青阳启瑞桃李同心
海枯石烂同心永结	新人办新事新风传梓里
地阔天高比翼齐飞	春日耀春晖珍色满园庭
相敬如宾莫道妇随夫唱	
情深似海休言女尊男卑	

（3）寿庆联

樽开北海	岁老根弥壮
寿祝南山	阳骄叶更阴
文移北斗成天象	寿考维祺征大德
日捧南山入寿杯	文明有道享高年
北海开樽西园载酒	有德留仁讴歌送喜
南山献寿东阁宴宾	增荣益誉眉寿保年
甲子重新如山如阜	从古称稀尊上寿
春秋不老大德大年（六十寿）	自今以始乐余年（七十寿）
春酒流香酣寿酒	瑶池果熟三千岁
耄龄添美祝遐龄（八十寿）	海屋筹添九十春（九十寿）
称觞共进千秋节	
祝嘏高悬百寿图（百岁寿）	

（4）乔迁联

福地建宅千载胜　　　　　　基石奠定千秋业
吉里安居万代兴　　　　　　柱正撑起万年梁

远视山水开眼界　　　　　　江山聚秀归新宇
近观田庄舒心怀　　　　　　奎璧联辉映画堂

红日高照新居户　　　　　　迁居新逢吉祥日
喜花常开幸福家　　　　　　安宅正遇如意春

庆乔迁合家皆禧　　　　　　栋宇连云子孙愿
居新宅世代永安　　　　　　华堂耀日父母心

创基业门庭祥云卷　　　　　吉日迁居万事如意
展宏图宅第瑞气生　　　　　良辰安宅百年遂心

紫微高照勤劳宅第　　　　　乔迁喜天地人共喜
福气长凝俭朴人家　　　　　新居荣福禄寿全荣

附录2

党政机关公文处理工作条例

第一章　总则

第一条　为了适应中国共产党机关和国家行政机关（以下简称党政机关）工作需要，推进党政机关公文处理工作科学化、制度化、规范化，制定本条例。

第二条　本条例适用于各级党政机关公文处理工作。

第三条　党政机关公文是党政机关实施领导、履行职能、处理公务的具有特定效力和规范体式的文书，是传达贯彻党和国家的方针政策，公布法规和规章，指导、布置和商洽工作，请示和答复问题，报告和交流情况等的重要工具。

第四条　公文处理工作是指公文拟制、办理、管理等一系列相互关联、衔接有序的工作。

第五条　公文处理工作应当坚持实事求是、准确规范、精简高效、安全保密的原则。

第六条　各级党政机关应当高度重视公文处理工作，加强组织领导，强化队伍建设，设立文秘部门或者由专人负责公文处理工作。

第七条　各级党政机关办公厅（室）主管本机关的公文处理工作，对下级机关的公文处理工作进行业务指导和督促检查。

第二章　公文种类

第八条　公文种类主要有：

（一）决议。适用于会议讨论通过的重大决策事项。

（二）决定。适用于对重要事项作出决策和部署、奖惩有关单位和人员、变更或者撤销下级机关不适当的决定事项。

（三）命令（令）。适用于公布行政法规和规章、宣布施行重大强制性措施、批准授予和晋升衔级、嘉奖有关单位和人员。

（四）公报。适用于公布重要决定或者重大事项。

（五）公告。适用于向国内外宣布重要事项或者法定事项。

（六）通告。适用于在一定范围内公布应当遵守或者周知的事项。

（七）意见。适用于对重要问题提出见解和处理办法。

（八）通知。适用于发布、传达要求下级机关执行和有关单位周知或者执行的事项，批转、转发公文。

（九）通报。适用于表彰先进、批评错误、传达重要精神和告知重要情况。

（十）报告。适用于向上级机关汇报工作，反映情况，回复上级机关的询问。

（十一）请示。适用于向上级机关请求指示、批准事项。

（十二）批复。适用于答复下级机关请示事项。

（十三）议案。适用于各级人民政府按照法律程序向同级人民代表大会或者人民代表大会常务委员会提请审议事项。

（十四）函。适用于不相隶属机关之间商洽工作、询问和答复问题、请求批准和答复审批事项。

（十五）纪要。适用于记载会议主要情况和议定事项。

第三章　公文格式

第九条　公文一般由份号、密级和保密期限、紧急程度、发文机关标志、发文字号、签发人、标题、主送机关、正文、附件说明、发文机关署名、成文日期、印章、附注、附件、抄送机关、印发机关和印发日期、页码等组成。

（一）份号。公文印制份数的顺序号。涉密公文应当标注份号。

（二）密级和保密期限。公文的秘密等级和保密的期限。涉密公文应当根据涉密程度分别标注"绝密""机密""秘密"和保密期限。

（三）紧急程度。公文送达和办理的时限要求。根据紧急程度，紧急公文应当分别标注"特急""加急"，电报应当分别标注"特提""特急""加急""平急"。

（四）发文机关标志。由发文机关全称或者规范化简称加"文件"二字组成，也可以使用发文机关全称或者规范化简称。联合行文时，发文机关标志可以并用联合发文机关名称，也可以单独用主办机关名称。

（五）发文字号。由发文机关代字、年份、发文顺序号组成。联合行文时，使用主办机关的发文字号。

（六）签发人。上行文应当标注签发人姓名。

（七）标题。由发文机关名称、事由和文种组成。

（八）主送机关。公文的主要受理机关，应当使用机关全称、规范化简称或者同类型机关统称。

（九）正文。公文的主体，用来表述公文的内容。

（十）附件说明。公文附件的顺序号和名称。

（十一）发文机关署名。署发文机关全称或者规范化简称。

（十二）成文日期。署会议通过或者发文机关负责人签发的日期。联合行文时，署最后签发机关负责人签发的日期。

（十三）印章。公文中有发文机关署名的，应当加盖发文机关印章，并与署名机关相符。有特定发文机关标志的普发性公文和电报可以不加盖印章。

（十四）附注。公文印发传达范围等需要说明的事项。

（十五）附件。公文正文的说明、补充或者参考资料。

（十六）抄送机关。除主送机关外需要执行或者知晓公文内容的其他机关，应当使用机关全称、规范化简称或者同类型机关统称。

（十七）印发机关和印发日期。公文的送印机关和送印日期。

（十八）页码。公文页数顺序号。

第十条 公文的版式按照《党政机关公文格式》国家标准执行。

第十一条 公文使用的汉字、数字、外文字符、计量单位和标点符号，按照有关国家标准和规定执行。民族自治地方的公文，可以并用汉字和当地通用的少数民族文字。

第十二条 公文用纸幅面采用国际标准 A4 型。特殊形式的公文用纸幅面，根据实际需要确定。

第四章 行文规则

第十三条 行文应当确有必要，讲求实效，注重针对性和可操作性。

第十四条 行文关系根据隶属关系和职权范围确定。一般不得越级行文，特殊情况需要越级行文的，应当同时抄送被越过的机关。

第十五条 向上级机关行文，应当遵循以下规则：

（一）原则上主送一个上级机关，根据需要同时抄送其他相关上级机关和同级机关，不抄送下级机关。

（二）党委、政府的部门向上级主管部门请示、报告重大事项，应当经本级党委、政府同意或者授权，属于部门职权范围内的事项应直接报送上级主管部门。

（三）下级机关的请示事项，如需以本机关名义向上级机关请示，应当提出倾向性意见后上报。不得原文转报上级机关。

（四）请示应当一文一事，不得在报告等非请示性公文中夹带请示事项。

（五）除上级机关负责人直接交办事项外，不得以本机关名义向上级机关负责人报送公文，也不得以本机关负责人名义向上级机关报送公文。

（六）受双重领导的机关向一个上级机关行文，必要时应当抄送另一个上级机关。

（七）不符合行文规则的上报公文，上级机关的文秘部门可退回下级呈报机关。

第十六条　向下级机关行文，应当遵循以下规则：

（一）主送受理机关，根据需要抄送相关机关。重要行文应当同时抄送发文机关的直接上级机关。

（二）党委、政府的办公厅（室）根据本级党委、政府授权，可以向下级党委、政府行文，其他部门和单位不得向下级党委、政府发布指令性公文或者在公文中向下级党委、政府提出指令性要求。需经政府审批的具体事项，经政府同意可由政府职能部门行文，文中需注明已经政府同意。

（三）党委、政府的部门在各自职权范围内可以向下级党委、政府的相关部门行文。

（四）涉及多个部门职权范围内的事务，部门之间未协商一致的，不得向下行文；擅自行文的，上级机关应当责令其纠正或者撤销。

（五）上级机关向受双重领导的下级机关行文，必要时抄送该下级机关的另一个上级机关。

第十七条　同级党政机关、党政机关与其他同级机关必要时可以联合行文。属于党委、政府各自职权范围内的工作，不得联合行文。党委、政府的部门依据职权可以相互行文。部门内设机构除办公厅（室）外不得对外正式行文。

第五章　公文拟制

第十八条　公文拟制包括公文的起草、审核、签发等程序。

第十九条　公文起草应当做到：

（一）符合国家的法律法规和党的路线方针政策，完整准确体现发文机关意图，并同现行有关公文相衔接。

（二）一切从实际出发，分析问题实事求是，所提政策措施和办法切实可行。

（三）内容简洁，主题突出，观点鲜明，结构严谨，表述准确，文字精练。

（四）文种正确，格式规范。

（五）公文涉及其他部门职权范围事项的，起草单位必须征求相关部门意见，力求达成一致。

（六）深入调查研究，充分进行论证，广泛听取意见。

（七）机关负责人应当主持、指导重要公文起草工作。

第二十条　公文文稿签发前，应当由发文机关办公厅（室）进行审核。审核的重点是：

（一）行文理由是否充分，行文依据是否准确。

（二）内容是否符合国家法律法规和党的路线方针政策；是否完整准确体现发文机关意图；是否同现行有关公文相衔接；所提政策措施和办法是否切实可行。

（三）涉及有关地区或者部门职权范围的事项是否经过充分协商并达成一致意见。

（四）文种是否正确，格式是否规范；人名、地名、时间、数字、段落顺序、引文等是否准确；文字、数字、计量单位和标点符号等用法是否符合规定。

（五）其他内容是否符合公文起草的有关要求。

需要发文机关审议的重要公文文稿，审议前由发文机关办公厅（室）进行初核。

第二十一条　经审核不宜发文的公文文稿，应当退回起草单位并说明理由；符合发文条件但内容需作进一步研究和修改的，由起草单位修改后重新报送。

第二十二条　公文应当经本机关负责人审批签发。重要公文和上行文由机关主要负责人签发。党委、政府的办公厅（室）根据党委、政府授权制发的公文，由受权机关主要负责人签发或者按照有关规定签发。签发人签发公文，应当签署意见、姓名和完整日期；圈阅或者签名的，视为同意。联合行文由所有联署机关的负责人会签。

第六章　公文办理

第二十三条　公文办理包括收文办理、发文办理和整理归档。

第二十四条　收文办理主要程序是：

（一）签收。对收到的公文应当逐件清点，核对无误后签字或者盖章，并注明签收时间。

（二）登记。对公文的主要信息和办理情况应当详细记载。

（三）初审。对收到的公文应当进行初审。初审的重点是：是否应当由本机关办理，是否符合行文规则，文种、格式是否符合要求，涉及其他地区或者部门职权范围的事项是否已经协商、会签；是否符合公文起草的其他要求。经初审不符合规定的公文，应当及时退回来文单位并说明理由。

（四）承办。阅知性公文应当根据公文内容、要求和工作需要确定范围后分送。批办性公文应当提出拟办意见报本机关负责人批示或者转有关部门办理；需要两个以上部门办理的，应当明确主办部门。紧急公文应当明确办理时限。承办部门对交办的公文应当及时办理，有明确办理时限要求的应当在规定时限内办理完毕。

（五）传阅。根据领导批示和工作需要将公文及时送传阅对象阅知或者批示。办理公文传阅应当随时掌握公文去向，不得漏传、误传、延误。

（六）催办。及时了解掌握公文的办理进展情况，督促承办部门按期办结。紧急公文或者重要公文应当由专人负责催办。

（七）答复。公文的办理结果应当及时答复来文单位，并根据需要告知相关单位。

第二十五条　发文办理主要程序是：

（一）复核。已经发文机关负责人签批的公文，印发前应当对公文的审批手续、内容、文种、格式等进行复核；需作实质性修改的，应当报原签批人复审。

（二）登记。对复核后的公文，应当确定发文字号、分送范围和印制份数并详细记载。

（三）印制。公文印制必须确保质量和时效。涉密公文应当在符合保密要求的场所印制。

（四）核发。公文印制完毕，应当对公文的文字、格式和印刷质量进行检查后分发。

第二十六条　涉密公文应当通过机要交通、邮政机要通信、城市机要文件交换站或者收发件机关机要收发人员进行传递，通过密码电报或者符合国家保密规定的计算机信息系统进行传输。

第二十七条　需要归档的公文及有关材料，应当根据有关档案法律法规及机关档案管理规定，及时收集齐全、整理归档。两个以上机关联合办理的公文，原件由主办机关归档，相关机关保存复制件。机关负责人兼任其他机关职务的，在履行所兼职务过程中形成的公文，由其兼职机关归档。

第七章　公文管理

第二十八条　各级党政机关应当建立健全本机关公文管理制度，确保管理严格规范，充分发挥公文效用。

第二十九条　党政机关公文由文秘部门或者专人统一管理。设立党委（党组）的县级以上单位应建立机要保密室和机要阅文室，并按有关保密规定配备工作人员和必要的安全保密设施。

第三十条　公文确定密级前，应当按照拟定的密级先行采取保密措施。确定密级后，应当按照所定密级严格管理。绝密级公文应当由专人管理。公文的密级需要变更或者解除的，由原确定密级的机关或者其上级机关决定。

第三十一条　公文的印发传达范围应当按照发文机关的要求执行；需要变更的，应当经发文机关批准。涉密公文公开发布前应当履行解密程序。公开发布的时间、形式和渠道，由发文机关确定。经批准公开发布的公文，同发文机关正式制发的公文具有同等效力。

第三十二条 复制、汇编机密级、秘密级公文，应当符合有关规定并经本机关负责人批准。绝密级公文一般不得复制、汇编，确有工作需要的，应当经发文机关或者其上级机关批准。复制、汇编的公文视同原件管理。

复制件应当加盖复制机关戳记。翻印件应当注明翻印的机关名称、日期。汇编本的密级按照编入公文的最高密级标注。

第三十三条 公文的撤销和废止，由发文机关、上级机关或者权力机关根据职权范围和有关法律法规决定。公文被撤销的，视为自始无效；公文被废止的，视为自废止之日起失效。

第三十四条 涉密公文应当按照发文机关的要求和有关规定进行清退或者销毁。

第三十五条 不具备归档和保存价值的公文，经批准后可以销毁。销毁涉密公文必须严格按照有关规定履行审批登记手续，确保不丢失、不漏销。个人不得私自销毁、留存涉密公文。

第三十六条 机关合并时，全部公文应当随之合并管理；机关撤销时，需要归档的公文整理后按照有关规定移交档案管理部门。

工作人员调离岗位时，所在机关应当督促其将暂存、借用的公文按照有关规定移交、清退。

第三十七条 新设立的机关应当向党委、政府的办公厅（室）提出发文立户申请。经审查符合条件的，列为发文单位，机关合并或者撤销时，相应进行调整。

第八章 附则

第三十八条 党政机关公文含电子公文。电子公文处理工作的具体办法另行制定。

第三十九条 法规、规章方面的公文，依照有关规定处理。外事方面的公文，依照外事主管部门的有关规定处理。

第四十条 其他机关和单位的公文处理工作，可以参照本条例执行。

第四十一条 本条例由中共中央办公厅、国务院办公厅负责解释。

第四十二条 本条例自 2012 年 7 月 1 日起施行。1996 年 5 月 3 日中共中央办公厅印发的《中国共产党机关公文处理条例》和 2000 年 8 月 24 日国务院发布的《国家行政机关公文处理办法》停止执行。

附录3

党政机关公文格式

1 范围

本标准规定了党政机关公文通用的纸张要求、排版和印制装订要求、公文格式各要素的编排规则，并给出了公文的式样。

本标准适用于各级党政机关制发的公文。其他机关和单位的公文可以参照执行。

使用少数民族文字印制的公文，其用纸、幅面尺寸及版面、印制等要求按照本标准执行，其余可以参照本标准并按照有关规定执行。

2 规范性引用文件

下列文件对于本标准的应用是必不可少的。凡是注日期的引用文件，仅所注日期的版本适用于本标准。凡是不注日期的引用文件，其最新版本（包括所有的修改单）适用于本标准。

GB/T 148 印刷、书写和绘图纸幅面尺寸

GB 3100 国际单位制及其应用

GB 3101 有关量、单位和符号的一般原则

GB 3102（所有部分）量和单位

GB/T 15834 标点符号用法

GB/T 15835 出版物上数字用法

3 术语和定义

下列术语和定义适用于本标准。

3.1 字 word

标示公文中横向距离的长度单位。在本标准中，一字指一个汉字宽度的距离。

3.2 行 line

标示公文中纵向距离的长度单位。在本标准中，一行指一个汉字的高度加 3 号汉字高度的 7/8 的距离。

4 公文用纸主要技术指标

公文用纸一般使用纸张定量为 $60 \text{ g/m}^2 \sim 80 \text{ g/m}^2$ 的胶版印刷纸或复印纸。纸张白度 $80\% \sim 90\%$，横向耐折度 $\geqslant 15$ 次，不透明度 $\geqslant 85\%$，pH 值为 $7.5 \sim 9.5$。

5 公文用纸幅面尺寸及版面要求

5.1 幅面尺寸

公文用纸采用 GB/T 148 中规定的 A4 型纸，其成品幅面尺寸为：210 mm×297 mm。

5.2 版面

5.2.1 页边与版心尺寸

公文用纸天头（上白边）为 37 mm±1 mm，公文用纸订口（左白边）为 28 mm±1 mm，版心尺寸为 156 mm×225 mm。

5.2.2 字体和字号

如无特殊说明，公文格式各要素一般用 3 号仿宋体字。特定情况可以作适当调整。

5.2.3 行数和字数

一般每面排 22 行，每行排 28 个字，并撑满版心。特定情况可以作适当调整。

5.2.4 文字的颜色

如无特殊说明，公文中文字的颜色均为黑色。

6 印制装订要求

6.1 制版要求

版面干净无底灰，字迹清楚无断划，尺寸标准，版心不斜，误差不超过 1 mm。

6.2 印刷要求

双面印刷；页码套正，两面误差不超过 2 mm。黑色油墨应当达到色谱所标 BL100%，红色油墨应当达到色谱所标 Y80%、M80%。印品着墨实、均匀；字面不花、不白、无断划。

6.3 装订要求

公文应当左侧装订，不掉页，两页页码之间误差不超过 4 mm，裁切后的成品尺寸允许误差±2mm，四角成 90°，无毛茬或缺损。

骑马订或平订的公文应当：

a）订位为两钉外订眼距版面上下边缘各 70 mm 处，允许误差±4 mm；

b）无坏钉、漏钉、重钉，钉脚平伏牢固；

c）骑马订钉锯均订在折缝线上，平订钉锯与书脊间的距离为 3 mm～5 mm。

包本装订公文的封皮（封面、书脊、封底）与书芯应吻合、包紧、包平、不脱落。

7 公文格式各要素编排规则

7.1 公文格式各要素的划分

本标准将版心内的公文格式各要素划分为版头、主体、版记三部分。公文首页红色分隔线以上的部分称为版头；公文首页红色分隔线（不含）以下、公文末页首条分隔线（不含）以上的部分称为主体；公文末页首条分隔线以下、末条分隔线以上的部分称为版记。页码位于版心外。

7.2　版头

7.2.1　份号

如需标注份号，一般用 6 位 3 号阿拉伯数字，顶格编排在版心左上角第一行。

7.2.2　密级和保密期限

如需标注密级和保密期限，一般用 3 号黑体字，顶格编排在版心左上角第二行；保密期限中的数字用阿拉伯数字标注。

7.2.3　紧急程度

如需标注紧急程度，一般用 3 号黑体字，顶格编排在版心左上角；如需同时标注份号、密级和保密期限、紧急程度，按照份号、密级和保密期限、紧急程度的顺序自上而下分行排列。

7.2.4　发文机关标志

由发文机关全称或者规范化简称加"文件"二字组成，也可以使用发文机关全称或者规范化简称。

发文机关标志居中排布，上边缘至版心上边缘为 35 mm，推荐使用小标宋体字，颜色为红色，以醒目、美观、庄重为原则。

联合行文时，如需同时标注联署发文机关名称，一般应当将主办机关名称排列在前；如有"文件"二字，应当置于发文机关名称右侧，以联署发文机关名称为准上下居中排布。

7.2.5　发文字号

编排在发文机关标志下空二行位置，居中排布。年份、发文顺序号用阿拉伯数字标注；年份应标全称，用六角括号"〔〕"括入；发文顺序号不加"第"字，不编虚位（即 1 不编为 01），在阿拉伯数字后加"号"字。

上行文的发文字号居左空一字编排，与最后一个签发人姓名处在同一行。

7.2.6　签发人

由"签发人"三字加全角冒号和签发人姓名组成，居右空一字，编排在发文机关标志下空二行位置。"签发人"三字用 3 号仿宋体字，签发人姓名用 3 号楷体字。

如有多个签发人，签发人姓名按照发文机关的排列顺序从左到右、自上而下依次均匀编排，一般每行排两个姓名，回行时与上一行第一个签发人姓名对齐。

7.2.7　版头中的分隔线

发文字号之下 4 mm 处居中印一条与版心等宽的红色分隔线。

7.3　主体

7.3.1　标题

一般用 2 号小标宋体字，编排于红色分隔线下空二行位置，分一行或多行居中排布；回行时，要做到词意完整，排列对称，长短适宜，间距恰当，标题排列应当使用梯形或菱形。

7.3.2　主送机关

编排于标题下空一行位置，居左顶格，回行时仍顶格，最后一个机关名称后标全角冒号。如主送机关名称过多导致公文首页不能显示正文时，应当将主送机关名称移至版记，标注方法见 7.4.2。

7.3.3　正文

公文首页必须显示正文。一般用 3 号仿宋体字，编排于主送机关名称下一行，每个自然段左空二字，回行顶格。文中结构层次序数依次可以用"一、""（一）""1.""（1）"标注；一般第一层用黑体字、第二层用楷体字、第三层和第四层用仿宋体字标注。

7.3.4　附件说明

如有附件，在正文下空一行左空二字编排"附件"二字，后标全角冒号和附件名称。如有多个附件，使用阿拉伯数字标注附件顺序号（如"附件：1.××××××"）；附件名称后不加标点符号。附件名称较长需回行时，应当与上一行附件名称的首字对齐。

7.3.5　发文机关署名、成文日期和印章

7.3.5.1　加盖印章的公文

成文日期一般右空四字编排，印章用红色，不得出现空白印章。

单一机关行文时，一般在成文日期之上、以成文日期为准居中编排发文机关署名，印章端正、居中下压发文机关署名和成文日期，使发文机关署名和成文日期居印章中心偏下位置，印章顶端应当上距正文（或附件说明）一行之内。

联合行文时，一般将各发文机关署名按照发文机关顺序整齐排列在相应位置，并将印章一一对应、端正、居中下压发文机关署名，最后一个印章端正、居中下压发文机关署名和成文日期，印章之间排列整齐、互不相交或相切，每排印章两端不得超出版心，首排印章顶端应当上距正文（或附件说明）一行之内。

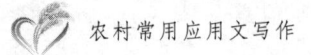

7.3.5.2 不加盖印章的公文

单一机关行文时，在正文（或附件说明）下空一行右空二字编排发文机关署名，在发文机关署名下一行编排成文日期，首字比发文机关署名首字右移二字，如成文日期长于发文机关署名，应当使成文日期右空二字编排，并相应增加发文机关署名右空字数。

联合行文时，应当先编排主办机关署名，其余发文机关署名依次向下编排。

7.3.5.3 加盖签发人签名章的公文

单一机关制发的公文加盖签发人签名章时，在正文（或附件说明）下空二行右空四字加盖签发人签名章，签名章左空二字标注签发人职务，以签名章为准上下居中排布。在签发人签名章下空一行右空四字编排成文日期。

联合行文时，应当先编排主办机关签发人职务、签名章，其余机关签发人职务、签名章依次向下编排，与主办机关签发人职务、签名章上下对齐；每行只编排一个机关的签发人职务、签名章；签发人职务应当标注全称。签名章一般用红色。

7.3.5.4 成文日期中的数字

用阿拉伯数字将年、月、日标全，年份应标全称，月、日不编虚位（即1不编为01）。

7.3.5.5 特殊情况说明

当公文排版后所剩空白处不能容下印章或签发人签名章、成文日期时，可以采取调整行距、字距的措施解决。

7.3.6 附注

如有附注，居左空二字加圆括号编排在成文日期下一行。

7.3.7 附件

附件应当另面编排，并在版记之前，与公文正文一起装订。"附件"二字及附件顺序号用3号黑体字顶格编排在版心左上角第一行。附件标题居中编排在版心第三行。附件顺序号和附件标题应当与附件说明的表述一致。附件格式要求同正文。

如附件与正文不能一起装订，应当在附件左上角第一行顶格编排公文的发文字号并在其后标注"附件"二字及附件顺序号。

7.4 版记

7.4.1 版记中的分隔线

版记中的分隔线与版心等宽，首条分隔线和末条分隔线用粗线（推荐高度为 0.35 mm），中间的分隔线用细线（推荐高度为 0.25 mm）。首条分隔线位于版记中第一个要素之上，末条分隔线与公文最后一面的版心下边缘重合。

7.4.2　抄送机关

如有抄送机关，一般用 4 号仿宋体字，在印发机关和印发日期之上一行、左右各空一字编排。"抄送"二字后加全角冒号和抄送机关名称，回行时与冒号后的首字对齐，最后一个抄送机关名称后标句号。

如需把主送机关移至版记，除将"抄送"二字改为"主送"外，编排方法同抄送机关。既有主送机关又有抄送机关时，应当将主送机关置于抄送机关之上一行，之间不加分隔线。

7.4.3　印发机关和印发日期

印发机关和印发日期一般用 4 号仿宋体字，编排在末条分隔线之上，印发机关左空一字，印发日期右空一字，用阿拉伯数字将年、月、日标全，年份应标全称，月、日不编虚位（即 1 不编为 01），后加"印发"二字。

版记中如有其他要素，应当将其与印发机关和印发日期用一条细分隔线隔开。

7.5　页码

一般用 4 号半角宋体阿拉伯数字，编排在公文版心下边缘之下，数字左右各放一条一字线；一字线上距版心下边缘 7 mm。单页码居右空一字，双页码居左空一字。公文的版记页前有空白页的，空白页和版记页均不编排页码。公文的附件与正文一起装订时，页码应当连续编排。

8　公文中的横排表格

A4 纸型的表格横排时，页码位置与公文其他页码保持一致，单页码表头在订口一边，双页码表头在切口一边。

9　公文中计量单位、标点符号和数字的用法

公文中计量单位的用法应当符合 GB 3100、GB 3101 和 GB 3102（所有部分），标点符号的用法应当符合 GB/T 15834，数字用法应当符合 GB/T 15835。

10　公文的特定格式

10.1　信函格式

发文机关标志使用发文机关全称或者规范化简称，居中排布，上边缘至上页边为 30 mm，推荐使用红色小标宋体字。联合行文时，使用主办机关标志。

发文机关标志下 4 mm 处印一条红色双线（上粗下细），距下页边 20 mm 处印一条红色双线（上细下粗），线长均为 170 mm，居中排版。

如需标注份号、密级和保密期限、紧急程度，应当顶格居版心左边缘编排在第一条红色双线下，按照份号、密级和保密期限、紧急程度的顺序自上而下分行排列，第一个要素与该线的距离为3号汉字高度的7/8。

发文字号顶格居版心右边缘编排在第一条红色双线下，与该线的距离为3号汉字高度的7/8。

标题居中编排，与其上最后一个要素相距二行。

第二条红色双线上一行如有文字，与该线的距离为3号汉字高度的7/8。

首页不显示页码。

版记不加印发机关和印发日期、分隔线，位于公文最后一面版心内最下方。

10.2 命令（令）格式

发文机关标志由发文机关全称加"命令"或"令"字组成，居中排布，上边缘至版心上边缘为20 mm，推荐使用红色小标宋体字。

发文机关标志下空二行居中编排令号，令号下空二行编排正文。

签发人职务、签名章和成文日期的编排见7.3.5.3。

10.3 纪要格式

纪要标志由"×××××纪要"组成，居中排布，上边缘至版心上边缘为35 mm，推荐使用红色小标宋体字。

标注出席人员名单，一般用3号黑体字，在正文或附件说明下空一行左空二字编排"出席"二字，后标全角冒号，冒号后用3号仿宋体字标注出席人单位、姓名，回行时与冒号后的首字对齐。

标注请假和列席人员名单，除依次另起一行并将"出席"二字改为"请假"或"列席"外，编排方法同出席人员名单。

纪要格式可以根据实际制定。

11 式样（略）

参考文献

[1] 戴胜才. 中文应用写作教程新编 [M]. 上海：复旦大学出版社，2015.

[2] 栾照钧. 公文写作与评改禁忌大全 [M]. 广东：广东经济出版社，2012.

[3] 张浩. 新编办公室标准文书写作要领与实用范例大全 [M]. 北京：海潮出版社，2015.

[4] 方道. 庆典贺词全集 [M]. 北京：中国华侨出版社，2012.

[5] 苏豫. 办公室公文写作大全 [M]. 北京：中国华侨出版社，2012.

[6] 吴永红. 应用文写作 [M]. 北京：北京邮电大学出版社，2015.

[7] 柳新华. 当代中国公文学 [M]. 北京：经济管理出版社，2014.

[8] 陈钦华，常林，文智辉等. 新编大学应用文写作 [M]. 武汉：中国地质大学出版社，2011.

[9] 李笑. 村官公务文书撰写必读 [M]. 北京：经济科学出版社，2014.

[10] 余雄，胡和兮. 新农村实用文化手册 [M]. 北京：中国文联出版社，2013.